Seelenpartner
grenzenlose Liebe

den kostbaren Schatz Seelenliebe
verstehen und leben

von

Iris Fischer

*„Das große Glück der Liebe besteht darin,
Ruhe in einem anderen Herzen zu finden."*

Julie Jeanne de Lespinasse

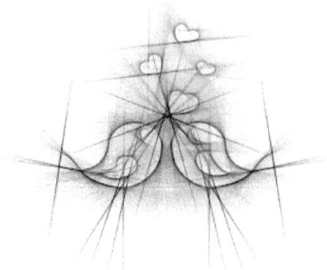

Seelenpartner
grenzenlose Liebe

den kostbaren Schatz Seelenliebe
verstehen und leben

von

Iris Fischer

Besuchen Sie meine Website: www.sensible-seele.net

Bibliografische Information der Deutschen Nationalbibliothek: Die Deutsche Nationalbibliothek verzeichnet diese Publikation in der Deutschen Nationalbibliografie; detaillierte bibliografische Daten sind im Internet über dnb.dnb.de abrufbar.

© Iris Fischer 2016

Jegliche Rechte vorbehalten!

Der Text dieses Buches ist geistiges Eigentum von Iris Fischer und durch Urheberrecht und Copyright geschützt. Dieser Text – und das gilt auch für einzelne Textpassagen - darf **nicht** anderweitig verwendet, verändert, verbreitet oder vervielfältigt werden.

Herstellung und Verlag: BoD – Books on Demand, Norderstedt

ISBN: 9-783-741-273223

Für Sören

dem meine grenzenlose tiefe Liebe gilt

„Seelenliebe... die bis in die tiefste Tiefe unseres Seins hinunter schwingt... hinterlässt eine Melodie... deren unendlicher Zauber in unserem Inneren endlos klingt..."

© Iris Fischer

Es gibt eine Liebe,
die über jede Liebe erhaben ist,
die Leben überdauert.
Zwei Seelen aus einer entstanden.
Vereinigt wie zwei Flammen.
Identisch – und doch getrennt.
Manchmal zusammen, durch Gefühl und Verlangen
verschweißt
Manchmal getrennt, um zu lernen und zu wachsen.
Aber einander immer wieder findend.
In anderen Zeiten, anderen Orten.
Wieder und wieder

Überlieferung aus dem 6. Jahrhundert vom japanischen Patriarchen Tatsuya

Inhaltsverzeichnis

Vorwort oder was wir unter Liebe verstehen 11
1. Herausforderung Seelenpartner – der Weg zu uns selbst............24
2. Was grenzenlose Liebe wirklich ist.................35
3. Was Dualseelen sind.................44
4. Und was Zwillingsseelen für uns bedeuten...............53
5. Warum wir so enorme Sehnsucht spüren................55
6. Warum das Loslassen nicht funktioniert................67
7. Muster und Verstrickungen der Dualseelenpartner..............75
8. Warum Frauen um Liebe „betteln" und Männer die Flucht ergreifen................79
   8.1. da ist zum einen die emotionale ‚Bedürftigkeit' - das ‚Bettelgewand' sensibler Liebe................79
   8.2. zum anderen spielen Männer und Frauen oft „verdrehte Welt". Und die Rollen in der Beziehung sind vertauscht............92
   8.3. zum dritten sind die Ursachen des ganzen zu berücksichtigen................115
9. Spiegelverkehrte Sicht – warum sich alles plötzlich wandelt.....118
10. Warum die hochsensible Seele so sehr leidet.............132
11. Wie wir bei uns selbst ankommen.................138
12. Was Seelenbegegnungen uns sagen wollen.............142
13. Wenn Seelenbeziehungen uns belasten oder sogar schaden......146
14. Warum die Suche nach dem Seelenpartner nicht funktioniert..151
15. Anzeichen einer Seelenbeziehung.................155
16. Was Sie tun sollten wenn Ihr Dual sich nicht meldet.............159
17. Wie Sie die Bindung zu Ihrem Seelenpartner stärken............161
18. Fragen und Antworten.................163
   18.1. Wie Sie sich Ihre ganz persönlichen Kraftquellen und Energiesäulen schaffen.................163
   18.2. Wie Ihnen stille Meditation hilft, innere Ruhe und Gelassenheit zu finden.................166
   18.3. Wie Ihnen gezielte Atemübungen dabei behilflich sind bei SICH zu bleiben.................168
   18.4. Wie Sie sich um verdrängte Gefühle und Emotionen kümmern.................173

18.5. Wie Sie „richtig" Loslassen können..................175
18.6. Wie Sie bei SICH bleiben und guten Gewissens gesunde Grenzen setzen..................178
18.7. Wie Sie Klarheit in Ihr persönliches Umfeld bringen....180
18.8. Wie Sie mit Ihrem Dual auf Seelenebene kommunizieren können..................182
18.9. Was Sie sonst von Ihrem Dual spüren können, wenn er physisch abwesend ist..................184
18.10. Warum plötzlich permanent Synchronizitäten in unserem Leben auftauchen..................185
19. Warum auf einmal alles doch ganz anders ist..................186
20. Wie wir in Harmonie und somit in unsere ureigene Mitte finden..................206
21. Wie die Liebesenergie uns verändert..................218
Nachwort – das Ziel ist immer der Weg..................232

Über die Autorin

Iris Fischer ist diplomierte systemische Therapeutin & Fachfrau für sensible Menschen. Selbst hochsensibel und hochsensitiv berät, unterstützt und begleitet sie hochsensible, emotional sensible und hochsensitive Menschen seit 2008 darin, ihren ureigenen und individuellen Weg für sich zu finden. Sie inspiriert und motiviert und gibt die passenden Impulse. Dabei bleibt sie konsequent lösungsorientiert. Sie unterstützt Ihre Klientinnen und Klienten mit sehr viel Herz, Humor und Verstand dabei, das innere Feuer in sich zu entdecken. Sich zu verwirklichen und zu entfalten und einfach authentisch zu SEIN. Die Kernpunkte ihrer Beratungen sind Hochsensibilität in Alltag, Liebe und Beziehung, Seelenpartner und Dualseelen, Persönlichkeitsentwicklung und Entfaltung.

Ihr Leitsatz lautet: „Werde, der Du bist...sei mutig und sei Du selbst...L(i)ebe Dich selbst...lebe DEIN Leben..." © Iris Fischer

Ihre Website: www.sensible-seele.net

„*Du und ich, wir sind eins.
Ich kann dir nicht weh tun,
ohne mich zu verletzen*"

Mahatma Gandhi

Vorwort oder was wir unter Liebe verstehen

Dieses Buch 'Seelenpartner grenzenlose Liebe' wollte unbedingt geschrieben werden. Es war wie ein innerer, intensiver „Zwang". Manche Bücher will man ja aus einem eigenen Bedürfnis heraus schreiben. Aber dieses Buch ist aus einer „höheren Macht" entstanden. Das war kein kurzfristiger Impuls in mir, sondern es hat mich nicht mehr losgelassen. Es hat regelrecht in mir gebrüllt: „Schreib mich". Also habe ich mich hingesetzt und fast Tag und Nacht innerhalb kürzester Zeit in jeder freien Minute daran geschrieben. Als es eigentlich schon fertig war, hat es sich noch nicht ganz „rund" angefühlt. Und dann kam ich darauf was noch fehlte. Es war das Kapitel: „Was wir unter Liebe verstehen..."

Genaugenommen eigentlich die Vorgeschichte zu den Seelenpartnern und Dualseelen...

Was wir unser Leben lang normalerweise unter dem Begriff ‚Liebe' verstehen, IST nämlich eigentlich in Wahrheit überhaupt keine Liebe. Was wir FÜHLEN, ist einzig und alleine die VORSTELLUNG die wir uns über Liebe machen. Wir erschaffen uns eine künstliche Realität. Ein Idealbild. Eine Illusion. Und das nennen wir dann ‚Liebe'. Jeder Mensch erschafft sich in seiner Phantasie den ‚Traumpartner' für sich. Er malt sich ganz genau aus, wie dieser ‚Traumpartner' aussieht. Es werden beliebig viele Eigenschaften aufgezählt, WIE dieser ‚Traumpartner' sich verhalten solle. Es wird ganz genau definiert, was dieser Mensch eindeutig NICHT haben darf. Und nach genau diesem Menschen halten wir dann ganz gezielt Ausschau. Und sind über alle Maßen enttäuscht, wenn ein solcher Mensch niemals in unserem Leben auftaucht.

Entspricht ein Mensch den wir in der Realität dann doch kennenlernen, allerdings NICHT diesem Traumbild aus unserer Phantasie, lehnen wir diesen Menschen ganz automatisch als möglichen Partner oder Partnerin ab. Ein solcher Mensch wird niemals auch nur die kleinste Chance bei uns haben. Auch wenn er der wundervollste, treueste, liebevollste, fürsorglichste und netteste Mensch auf Erden wäre. Auch wenn dieser Mensch alles für uns tun würde. Ganz einfach weil er UNS aus seinem tiefsten Herzen liebt. Nicht ein BILD dass er sich in seinem Inneren von uns gemacht hat. Nicht eine bloße Vorstellung, wie wir sein sollen. Nicht ein Phantasiegebilde, dass dem wahren Leben nicht standhalten kann.

Dieser Mensch liebt uns ganz einfach als MENSCH. Als die Person die wir SIND. Nicht als dass, was er sich in seinen Träumen als Partner oder Partnerin für sich wünscht.

Dieser Mensch befindet sich bereits IN Liebe. Dieser Mensch IST Liebe. Während WIR noch verzweifelt danach suchen...

Wir suchen stattdessen gezielt nach dem „richtigen" Partner für uns und wundern uns chronisch, dass wir nicht fündig werden. Was ja kein Wunder bei all den Ansprüchen und Erwartungen ist, die wir da in uns tragen. Dies kann kein Mensch uns erfüllen!

Immer wieder wundern wir uns dann, dass unsere Beziehungen nicht funktionieren. Dass unsere Partnerschaften scheitern. Wir wollen immer nur dass was uns FEHLT. Und konzentrieren uns darauf. Dabei entgeht uns aber oft, dass wir den besten Menschen für uns – von dem wir wirklich und wahrhaftig bedingungslos als MENSCH geliebt werden, direkt vor unserer Nase bereits haben. Ihn aber nicht sehen können. Weil wir ihn überhaupt nicht sehen WOLLEN.

Was ja kein Wunder ist bei all den Hirngespinsten und Phantasien über vermeintliche ‚Traumpartner', die uns permanent in unserem Kopf herumgeistern. Wir wollen immer noch besseres, schöneres, dünneres, reicheres, intelligenteres, erfolgreicheres usw...

Anstatt wir mit dem zufrieden sind was wir da an unserer Seite HABEN. Nämlich schlicht und einfach WAHRE Liebe. Ständig suchen wir weiter. Und suchen...und suchen...und suchen...werden aber niemals fündig. Wie können wir das auch, wenn wir doch gar nicht wissen was Liebe WIRKLICH bedeutet? Wie können wir den passenden Menschen in unser Leben ziehen, wenn wir ihn doch überhaupt nicht erkennen und sehen können?

Wir haben einen so verschleierten Blick für das wesentliche im Leben, dass wir uns immer nur auf das unwesentliche konzentrieren. Und dann unzufrieden sind, wenn wir nicht das bekommen, was wir meinen bekommen zu müssen. Wir sehen überhaupt nicht, dass das was wir ausstrahlen IMMER als Spiegel zu uns zurückkommt. Wir ziehen quasi immer den Partner, die Partnerin an, die wir tatsächlich „verdient" haben.

Wenn wir uns im emotionalen Mangel befinden, ziehen wir automatisch auch Mangel an. Wenn wir nur auf Äußerlichkeiten schauen und nicht auf die inneren Werte achten, bekommen wir genau das vor die Nase gesetzt. Und unsere Erwartungen werden niemals erfüllt.

Sie KÖNNEN überhaupt NICHT erfüllt werden. Wenn wir im emotionalen MANGEL sind. Denn Mangel kann KEINE Erfüllung anziehen!

Wenn wir eine erfüllte Beziehung und Partnerschaft leben wollen, dann müssen wir uns in erster Linie SELBST erst einmal erfüllen. Damit wir genau das nach außen hin ausstrahlen! Nur so kann auch Erfüllung von außen zu uns zurückkommen. Ausschließlich DANN können wir eine erfüllte und befriedigende Partnerschaft leben. Wenn beide Partner zu sich selbst und zum anderen IN Liebe sind.

Nur wenn wir aufhören, Erwartungen und Bedingungen an einen potenziellen Partner zu stellen, bringt uns das Resonanzgesetz genau diesen passenden Menschen. Nur wenn wir ganz bei UNS angekommen sind, ziehen wir genau einen solchen Menschen in unser Leben. Nur wenn wir es AUSSTRAHLEN, dass wir gelassen und entspannt in uns selber ruhen, bekommen wir genau das zurück.

Wie schnell SAGEN viele Menschen zu einem anderen Menschen die berühmten drei Worte: „Ich liebe dich". Was sie dabei aber in Wirklichkeit MEINEN ist etwas ganz anderes.

Denn eigentlich MEINEN sie mit diesen drei Worten: „Ich liebe das BILD, dass ich mir von dir die ganze Zeit in meiner Phantasie gemacht habe. Ich liebe die VORSTELLUNG davon, dass du mein ‚Traumpartner' bist. Ich liebe nicht DICH als MENSCH!"

Und genau diese Illusionen halten wir oft über viele Jahre lang aufrecht. Und täuschen uns ganz gewaltig damit SELBST. Dabei harren wir in Beziehungen aus, die uns überhaupt nicht gut tun. Und die eigentlich gar nicht zu uns passen. Weil wir nicht bei uns selbst sind. Weil wir UNS SELBST für den anderen aufgegeben haben.

NICHT etwa aus wahrhaftiger Liebe. NEIN! - Wobei man sich IN wahrer Liebe niemals selber aufgibt! Man gibt sich lediglich dem anderen HIN. Man gibt sich der Liebe HIN.

Sondern weil dieser Mensch ganz genau dem BILD entspricht, dass wir uns die ganze Zeit von ihm gemacht haben. Und weil dieser Mensch uns unsere Illusion dann nicht erfüllt, sind wir zutiefst unglücklich und enttäuscht.

Und geben auch noch dem ANDEREN die ganze Schuld dafür. Weil er unsere Erwartungen ja überhaupt NICHT erfüllen KANN. Denn es sind ja UNSERE eigenen Erwartungen, die wir da in uns tragen. Die wir auf den anderen projizieren. Dieser andere Mensch kann absolut überhaupt NICHTS dafür, wenn wir uns enttäuscht und verletzt zeigen. Denn in Wahrheit haben wir uns SELBER verletzt. Weil wir ausgeharrt haben. Weil wir uns für den anderen ständig verbogen haben. Und so gar nicht die Liebe erhalten KÖNNEN, die wir uns so sehr von ihm gewünscht haben. Da wir ihn ja nicht als MENSCH, sondern lediglich die Illusion über diesen Menschen „lieben".

Wir DENKEN dass wir lieben. Und FÜHLEN deshalb auch diese

gedachte Liebe. Was aber in Wahrheit überhaupt KEINE wahre Liebe ist.

Und HANDELN auch entsprechend.

Genau diese Illusion von Liebe ist es nämlich, die dafür sorgt, dass wir den anderen niemals so annehmen und akzeptieren können, wie er nun mal ist. Permanent wollen wir diesen Menschen ändern. Wir wollen ihn formen. Und zwar genau nach diesem inneren Bild - dieser Vorstellung, unserer Phantasie, die wir jahrelang über unseren „Traumpartner" in uns tragen. Was aber niemals funktionieren wird. Es sei denn, der andere gibt sich selbst vollkommen auf. Und verbiegt sich nach Strich und Faden für uns. Was aber mit bedingungsloser, wahrhaftiger Liebe dann überhaupt gar nichts zu tun hat.

Und weil wir genau DAS nach außen hin ausstrahlen, bekommen wir auch genau DIESES wieder zu uns zurück. Weil der andere ja genau dieselben Beweggründe wie wir in sich trägt. Auch der andere hat ja seine ureigenen Vorstellungen, Phantasien und Wünsche über seinen „Traumpartner" in sich. Und schleppt diese Illusion über Liebe mit sich herum.

Gleiches zieht Gleiches an!

Wenn wir also selber nicht IN Liebe sind, wie wollen wir dann einen Menschen anziehen der uns diese Liebe gibt?

Selbst wenn uns dieser Mensch tatsächlich wahre Liebe geben sollte, sind wir gar nicht in der Lage, diese Liebe anzunehmen. Oder sie gar wirklich zuzulassen. Und sie auszuhalten. Weil wir sie nicht kennen.

Wir kennen es nicht, ausschließlich als MENSCH geliebt zu werden.

Was wir kennen, ist oft lediglich Liebe, die sich „nur" nach Äußerlich-keiten richtet. Nach beruflichem und finanziellem Status.

Nach Aussehen und Ansehen der anderen oder der eigenen Person.

Das ist genau die ILLUSION unserer Liebe, die da zum tragen kommt. Unser inneres BILD manifestiert sich so im Außen. Anfangs sind wir absolut begeistert. Aber mit der Zeit finden wir dann zwangsweise heraus, dass der andere ja gar nicht so ist, wie wir uns das GEWÜNSCHT haben. Wie wir uns das GEDACHT haben.

Und aus diesem Grunde fangen wir dann an, den anderen verändern zu wollen. Ihn nach UNSEREM inneren Bild zu formen. Dass dieser Mensch sich das aber nicht gefallen lässt, ist nur eine logische Folgerung.

Wir fangen an zu jammern, zu klagen, zu kritisieren, zeigen unsere Unzufriedenheit, machen Vorwürfe, stellen Bedingungen und Forderungen, haben Ansprüche, wir wollen...und wollen...und wollen...

...bekommen aber genau das NICHT...

Das ist KEINE wahre Liebe.

Wir wollen nur ,haben'. Wir begehren lediglich unsere innere Phantasie. Und NICHT diesen Menschen. Wobei dieser Mensch vielleicht der wundervollste Mensch ist, der zu uns passen würde. Aber weil er unserem inneren Bild nicht enspricht, wollen wir ihn auch nicht haben.

Wobei ich jetzt zwei Dinge unterscheiden muss. Da ansonsten der Eindruck entstehen könnte, dass ich mir in diesem Kapitel widerspreche. Nein!

Es ist ganz einfach so. Dass was wir ,haben wollen', ist unsere innere Phantasie. Unser Traumbild. Wenn wir einem solchen Menschen begegnen, der vermeintlich diesem Traumbild entspricht, lassen wir uns auf ihn ein. Und führen eine Beziehung mit ihm. Die mehr oder weniger glücklich oder unglücklich verlaufen wird. Je nachdem, wie sehr die Partner sich für den anderen verbiegen. Und selber aufgeben.

Und was tun wir nicht alles, um die Liebe dieses anderen Menschen zu BEKOMMEN. Wir verbiegen uns noch und nöcher für ihn. Wir heucheln Interesse an seinen Hobbies. Wir tun so, als ob uns Dinge gefallen, die uns eigentlich nerven. Wir finden Macken oder Angewohnheiten „süß", die uns eigentlich eine Belastung sind. Weil wir sie in Wahrheit nicht ertragen. Wir entschuldigen und verteidigen sein negatives Verhalten und reden uns ein dass er ja nicht anders „kann, weil er ja nun einmal so „ist". Und genau HIER sprechen wir die Wahrheit aus. Denn dieser Mensch ist tatsächlich so wie er ist. Und er kann eben wirklich nicht anders! Aber er ist eben NICHT unser Traumpartner. Oder unsere Traumpartnerin. Er ist eben nur unsere Phantasie und unsere Illusion davon! Deshalb KANN er es uns auch niemals wirklich recht machen. Deshalb ist er tatsächlich nicht gut genug für uns. Und wir zeigen ihm das ja auch immer wieder mit unserem Verhalten. Was natürlich andersherum aus der Sicht des anderen für UNS ganz genauso sehr gilt.

Treffen wir hingegen auf einen Menschen der NICHT unserer inneren Vorstellung entspricht – der uns aber WIRKLICH liebt – wollen wir genau DIESEN Menschen NICHT. Und lassen uns nicht auf ihn ein. Weisen ihn von uns. Stoßen ihn weg. Weil wir überhaupt nicht SEHEN können dass dieser Mensch uns wirklich liebt. Wir GLAUBEN es ganz einfach schlichtweg nicht. Weil wir zu sehr in all unseren Illusionen über Liebe gefangen und verstrickt sind.

Der Mensch dagegen der uns ‚haben' will, weil wir ebenfalls seinem inneren Traum entsprechen, KANN uns aber nicht die Liebe geben, die wir eigentlich haben wollen. Da er uns ja ebenfalls NICHT als MENSCH liebt.

WIE sollen wir auch wahrhaftige Liebe von dieser Person erhalten, wenn WIR selbst überhaupt nicht wissen, was wahrhaftige Liebe eigentlich IST? Wie sollen wir Liebe von einem Menschen ‚empfangen', wenn wir doch innerlich ständig auf ‚haben wollen' eingestellt sind? WIE sollen wir einem anderen Menschen wirkliche Liebe GEBEN, wenn wir doch gar nicht wissen, wie wahre Liebe zu GEBEN eigentlich funktioniert?

Wir können wahrhaftige Liebe nur GEBEN, wenn wir sie auch ‚empfangen' können. Wenn wir diese Liebe zulassen, annehmen und aushalten können. Wenn wir IN Liebe zu uns selbst und zum anderen sind.

Wenn wir dann ganz plötzlich und unerwartet auf unseren Seelenpartner und gar auf unsere Dualseele treffen, wirbelt das unser gesamtes SEIN – unser ganzes Denken, Fühlen und Handeln vollkommen durcheinander. Gerade unsere Dualseele stellt ALLES auf den Kopf, was wir bisher in unserem Leben vermeintlich für Liebe gehalten haben.

Nämlich weil er unser pefekter GEGENSATZ ist.

Deshalb tut er auch immer genau das Gegenteil von dem, was wir eigentlich von ihm „erwarten". Und damit überrascht und erstaunt er uns dann wieder und wieder. Weil wir nicht damit rechnen, dass er immer wieder das Gegenteil tut.

Denn unser Dual ist meist der allererste Mensch in unserem Leben, der uns WIRKLICH ganz genauso akzeptiert und annimmt wie wir sind. Der uns einfach SEIN lässt. Sensibel SEIN lässt. Weil er uns als MENSCH liebt. Weil unsere Seelen untrennbar miteinander verbunden sind.

Unser Dual hat keinerlei Ansprüche, Erwartungen und Forderungen an uns. Er lässt uns wirklich einfach nur SEIN...

Während wir noch verzweifelt auf der Suche nach der wahren Liebe sind, LIEBT uns unser Dual aus tiefster Seele. Und aus tiefstem

Herzen. Auch wenn die Kopfmenschen der Dualseelenpaare nicht über ihre Gefühle sprechen. So sind sie doch in ihnen.

Während wir noch an der Liebe unseres Duals ZWEIFELN, ist er uns ein wahrer ‚Fels in der Brandung'. Wortlos und still hält er uns, trägt uns, schützt und beschützt uns und ist einfach nur für uns da.

Während wir noch vollkommen damit beschäftigt sind, unsere intensiven und starken Gefühle zu sortieren und versuchen damit klarzukommen, SEHEN wir überhaupt nicht, wie sehr unser Dual uns wirklich liebt. Weil wir diese Art von Liebe überhaupt nicht kennen.

Und weil unser Dual ganz genau spürt, dass wir viel zu sehr damit beschäftigt sind, ihn mit Ansprüchen und Forderungen und Erwartungen zu überhäufen, zieht er sich von uns zurück. Immer wieder. Und bleibt auf Sicherheitsabstand. Weil er sehr genau WEIß, dass er uns all unsere Ansprüche die wir an ihn haben, überhaupt nicht erfüllen KANN.

Stattdessen unterdrückt er seine Liebe zu uns. Und verleugnet sie sogar. Was uns NOCH mehr zur Verzweiflung treibt. Denn wir WOLLEN ja von ihm geliebt werden.

Was wir dabei aber leider übersehen ist, dass WIR es sind die eigentlich NICHT wirklich lieben können. Denn unser Dual GLAUBT uns unsere Liebe zu ihm ganz einfach nicht. Selbst WENN wir ihn als MENSCH wirklich und wahrhaftig lieben.

Und hier dreht der ganze Spieß sich um. Unser Dual hält uns nämlich ganz einfach den Spiegel vor. Und zeigt uns das was WIR bisher mit anderen Partnern gemacht haben. WIR waren es, die NICHT glauben wollten, wenn wir tatsächlich geliebt wurden. Und jetzt glaubt ER uns schlicht und ergreifend unsere Liebe nicht!

Denn es macht ihm eine Himmelangst, was wir alles an nicht

erfüllten Erwartungen und nicht erfüllbaren Forderungen an ihn haben. Und in uns tragen.

So ZWINGT unser Dual uns letztendlich dazu, uns mit all unseren emotionalen und seelischen Defiziten auseinanderzusetzen. Und uns selbst zu heilen. Und genauso lange zieht er sich auch immer wieder vor uns zurück.

ER muss erst einmal vollkommenes Vertrauen in uns spüren können. Vertrauen und GLAUBEN, dass wir für uns selbst sorgen können. Dass nicht ER es ist, der uns unsere inneren Mängel auffüllen und erfüllen muss. Weil er das ja gar nicht kann.

Erst wenn wir ganz bei UNS angekommen sind – uns selbst und IHN wahrhaftig lieben und NICHT mehr nur die Illusion und das Traumbild und die Phantasie über Liebe in uns - kommt auch er in die Lage an sich und seinen Ängsten zu arbeiten. Und SICH zu heilen...

Erst DANN kann er uns vollkommen glauben und vertrauen. Wenn wir ihm bewiesen haben, dass wir für uns alleine sorgen können. Wenn wir das nicht mehr von anderen und in diesem Falle von IHM erwarten.

Wenn wir vollkommen WISSEN, was wahre Liebe ist. Denn nun SIND wir IN Liebe. Und können deshalb auch wahre Liebe ‚empfangen'. Nun können wir Liebe wirklich ‚geben'. Und Liebe annehmen. Und sie auch zulassen. Und vor allem können wir sie nun aushalten...

Die Begegnung mit unserem Seelenpartner stellt etwas absolut überwältigendes und außergewöhnliches in unserem Leben dar.

Deshalb wirft die wahrhaftige, reine und allumfassende Seelenliebe hochsensible Menschen auch vollständig aus der Bahn. Denn die Gefühle zwischen Seelenpartnern sind von einer solchen Tiefe und Intensität, die auf einer vollkommen anderen Ebene existieren, als eine "normale" Liebe das jemals kann.

Nur wer aus eigenem Erleben den Vergleich hat, zwischen einer "normalen" Herz-Liebe und einer Seelenliebe, kann dies wirklich nachvollziehen und verstehen.

Allerdings ist es ein gewaltiger Unterschied, ob wir uns mit dem anderen Menschen lediglich seelenverwandt fühlen, oder ob es sich bei dem Seelenpartner um die Zwillingsseele oder gar die Dualseele handelt. Unser Verstand kann all das sowieso nicht begreifen. Unser sensibles Herz und unsere Seele dafür allerdings umso mehr.

Die wahre, reine und absolut bedingungslose Seelenliebe erfahren zu dürfen, ist ein unendlich kostbares Geschenk vom Leben an uns. Da wir so lernen dürfen, UNS selbst bedingungslos zu lieben.

Von unserem Seelenpartner - und vor allem von unserer Dualseele - erfahren wir oft das allererste Mal in unserem Leben wie es ist, von einem anderen Menschen ganz genauso angenommen zu werden wie wir sind. Ohne jegliche Bedingung. Ohne jegliche Bewertung. Ohne jegliches Urteil über uns. Ohne jegliche Kritik. Ohne jegliche Erwartungshaltung. Wir dürfen einfach nur SEIN.

Allerdings bedeuten Seelenliebe und Seelenpartnerbeziehungen nicht immer nur Freude, Glück und Sonnenschein. Sondern wir sind immer wieder urgewaltigen emotionalen und seelischen Herausforderungen ausgesetzt.

Was aber durchaus seinen Sinn hat. Denn nur so können wir unsere sensible Persönlichkeit weiterentwickeln. Und nur so kann unsere sensible Seele Erfahrungen sammeln und reifen.

"Durch DICH habe ich zu mir gefunden..."

ist einer der wundervollsten, schönsten und berührendsten Sätze, die

Sie von Ihrer Dualseele überhaupt hören können. Oder den Sie Ihrem Dual vielleicht mitteilen. Wenn Sie beide bereit sind, sich miteinander - jeder in seinem eigenen Tempo - weiterzuentwickeln. Und Sie es annehmen und zulassen können, aneinander zu wachsen.

Denn in diesem Prozess kommen Sie ganz bei SICH an.

Und können endlich so sein wie Sie eigentlich schon immer sind. Auch MIT Ihrer Sensibilität. Endlich können Sie wirklich Ihren freien Willen benutzen. Ohne Fremdbeeinflussung von außen. Ohne Bewertungen, ohne negative und falsche Glaubenssätze. Ohne emotionale Abhängigkeit von anderen. Ohne Altlasten aus Ihrer Vergangenheit. Ohne innere Blockaden. Und ohne jegliche Konditionierungen.

Sie können einfach nur SEIN... Denn Sie werden innerlich vollkommen frei.

Mit Ihrer Dualseele können Sie all Ihre erlittenen Seelenwunden heilen. Wenn Sie die Situation annehmen, zulassen und aushalten (können). Denn unser Seelenpartner und vor allem unsere Dualseele, dient uns als unser klarster Spiegel den es überhaupt auf dieser Erde gibt. Er ist ein unendlich kostbarer Schatz, den es zu bewahren gilt. Mit ihm verbindet uns einfach eine unendliche und grenzenlose Liebe...

Dieses Buch ist kein esoterischer Ratgeber. In diesem Buch konzentriere ich mich auch nicht auf die spirituelle Sicht der Seelenpartner und Dualseelen.

Sondern ich beleuchte ausführlich die rein „irdische und menschliche" Sichtweise des Denkens, Fühlens und Handelns der Seelenpartner. Insbesondere das der Dualseelen. Denn für jegliches menschliche Verhalten gibt es Ursachen und Zusammenhänge. Und genau dieses näher zu beschreiben – die Hintergründe für das Denken, Fühlen und Handeln der Seelenpartner und insbesondere der

Dualseelen zu beschreiben - darum geht es mir in diesem Buch.

Natürlich ist es ein überaus wundervolles Gefühl, wenn wir uns vorstellen, dass wir unsere Dualseele aus einem oder mehreren Vorleben kennen. Und deshalb so intensiv und innig mit dieser Seele – diesem Menschen – verbunden sind. Weil wir bereits in diesen Vorleben eine Beziehung oder Partnerschaft mit dieser Seele hatten. Und im nächsten Leben wieder haben werden.

Aber das wäre für mich wieder ein extra Thema für ein extra Buch. Seelenwanderung, Seelenpläne, die unendliche Existenz der Seele ist ein so komplexes Thema, dass unendlich viele Seiten füllen würde.

Und ich überlasse es jedem Menschen selbst, an das zu glauben was er persönlich für sich für richtig hält. Und was sich 'stimmig' für ihn anfühlt. Denn jeder Mensch hat seinen ganz ureigenen Glauben an die verschiedenen Dinge.

Auch wenn die Seelenpartner ein sehr besonderes Thema sind. Und die Dualseelenprozesse inklusive aller unterschiedlichen Phasen bei allen Paaren gleich ablaufen. Was an sich schon ein unbegreifliches „Phänomen" für unseren Verstand ist. Aber aus rein „menschlicher" Sicht eben dann doch wieder erklärbar.

Wenn Sie dieses Buch lesen, werden Sie genau mit dem Kapitel und den Details in Resonanz gehen, dass Sie gerade für sich brauchen. Und die für Sie persönlich wichtig sind.

Denn bei Seelenpartnern und insbesondere im Dualseelenprozess geht es im Endeffekt IMMER um die Weiterentwicklung unserer eigenen Persönlichkeit. Und um die Reifung unserer Seele.

Herzlichst, Ihre Iris Fischer

© Januar 2016

1. Herausforderung Seelenpartner – der Weg zu uns selbst

Beziehungen sind im großen Wandel. Das bekommen wir immer mehr zu spüren. An allen Ecken und Enden macht sich das bemerkbar. Die Menschen sind nicht mehr zufrieden. Viele haben es satt, Beziehungen zu führen die sie nicht erfüllen. Und die sie nicht bereichern und befriedigen. Das Thema Seelenpartner ist dabei in aller Munde. Weil die große Hoffnung damit verbunden ist, auf den perfekt passenden Menschen zu treffen. Mit dem wir für immer glücklich und zufrieden und in Harmonie vereint sind.

Aber selbst wenn wir unsere echten Seelenpartner wie unsere Zwillingsseele oder gar unsere Dualseele treffen, bedeutet das noch lange nicht, dass von jetzt an nur noch Harmonie und Freude herrscht. Anfangs ist zwar tatsächlich die große Euphorie vorhanden, aber dann holt uns doch die Realität und der ganz normale Alltag wieder ein. Denn trotz allem sind wir Menschen mit tagtäglichen und ganz normalen „menschlichen" Verpflichtungen.

Und nicht alles was nach Seelenpartnerschaft aussieht, ist tatsächlich eine Seelenbeziehung!

Nur weil wir uns mit einem Menschen gut verstehen und uns ihm nahe fühlen, ist dieser Mensch noch lange kein echter Seelenpartner! Auch wenn wir seelisch sehr verbunden miteinander sind. Dazu gehört noch weit mehr.

Denn Tatsache ist und bleibt: Unseren echten Seelenpartner können wir definitiv NICHT gezielt suchen!

Füreinander bestimmte Seelenpartner finden sich gegenseitig automatisch. Sie werden wie ‚magnetisch' voneinander angezogen. Und zwar in genau dem Moment, in dem beide mit ihrem seelischen Entwicklungsstand dazu bereit sind. Auf gar keinen Fall vorher.

Allerdings manifestiert sich oft lange bevor wir tatsächlich real auf unsere Dualseele treffen, diese ‚Anwesenheit' in irgendwelchen Dingen in unserer Umgebung. In diesen Momenten bemerken wir das wahrscheinlich gar nicht. Weil wir gar nicht auf die Idee kommen darauf zu achten. Im Rückblick gesehen fällt es allerdings deutlich auf.

Natürlich können wir ganz gezielt nach einem Menschen für uns suchen der perfekt mit uns harmoniert. Dabei handelt es sich aber dann noch lange nicht um einen wirklichen Seelenpartner.

Und schon gar nicht um unseren vorherbestimmten echten Seelenpartner – unsere Dualseele.

Viele Partner und Partnerinnen von Menschen mit dem Borderline-Syndrom denken beispielsweise, im Borderliner ihren Seelenpartner gefunden zu haben. Borderliner spiegeln aber ‚manipulativ' ihre jeweiligen Partner! Und zeigen ihnen so ihre emotionalen und seelischen ‚Abgründe und Höllen'. Beispielsweise massive Verlustängste. Es wird eher selten der Fall eintreten dass ein Borderliner tatsächlich ein echter Seelenpartner ist. Eine Zwillingsseele oder gar tatsächlich die Dualseele.

Selbstverständlich ist JEDER Partner den wir haben, in gewisser Weise der Spiegel unserer Seele. Jeder Partner mit dem wir eine Beziehung oder Partnerschaft führen, spiegelt uns.

In jedem Partner sehen wir uns selbst und unseren derzeitigen seelischen Entwicklungsstand.

Vielen Menschen ist diese Tatsache überhaupt nicht bewusst. Es ist aber Fakt. Denn – wenn wir uns einmal bewusst mit unserer eigenen Vergangenheit auseinandersetzen, werden wir schnell feststellen, dass wir immer genau den Menschen an unserer Seite bzw. in unserem Leben hatten, der gerade unserem aktuellen seelischen Entwicklungsstand entsprochen hat. Und den wir gerade für unsere

Weiterentwicklung gebraucht haben.

Auch wenn diese Beziehungen oder Partnerschaften vielleicht mit sehr viel Leid, Dramen, gravierenden seelischen Verletzungen und Enttäuschungen verbunden waren. Oder wenn die Beziehung oder Partnerschaft in einen regelrechten Nervenkrieg gemündet hat. Diese Menschen waren nur der Spiegel unserer Seele. Diese Menschen haben uns gezeigt, wo unsere seelischen Defizite liegen. Sie machen uns dadurch auch auf falsche oder unpassende Verhaltens- und Beziehungsmuster aufmerksam. Die wir so in unserem Leben eigentlich nicht brauchen. Diese Muster wiederholen sich aber genauso lange immer wieder, bis uns das bewusst wird. Und wir daraus gelernt haben. Und unser Verhalten dadurch ändern.

Genauso lange werden wir immer und immer wieder dieselbe Art von Partner bzw. Partnerinnen für uns anziehen. Es ist das was wir ausstrahlen. Das Gesetz der Resonanz. Denn genau das was wir aussenden, kommt in Form von bestimmten Partnern und Partnerinnen wieder zu uns zurück.

- Was hat das ganze aber nun mit Seelenpartnerschaft zu tun?

Echte Seelenpartner sind dazu bestimmt, sich bei ihrer Weiterentwicklung gegenseitig zu unterstützen. In einer wirklichen und echten Seelen-Beziehung lässt automatisch ein Partner dem anderen genau die Zeit und genau den Raum, den er für seine Weiterentwicklung braucht. Sie sind sich wie selbstverständlich – weil es vorherbestimmt ist - dabei behilflich, zu sich selbst zu finden. Echte Seelenpartner werden niemals versuchen sich gegenseitig zu ändern. Oder an der Selbstverwirklichung zu hindern. Wenn wir unsere Dualseele ‚gefunden' haben, spüren wir plötzlich überdeutlich, wie wir regelrechte Quantensprünge in unserer Weiterentwicklung machen. Wir rasen die Straße unseres Lebens entlang und holen uns selber wieder ein. Wo wir über lange Zeit weit hinter uns zurücklagen. Und hinter uns selbst hergehechelt sind. Und nicht wussten, wie wir jemals wieder aufholen sollen. Mit dem echten Seelenpartner kommen wir endlich bei uns selber an. Denn er gibt uns diese Kraft dazu. Er ist der Fels in der Brandung der uns Halt gibt. Der uns auffängt wenn es notwendig ist. Der uns trägt, auch wenn uns das überhaupt nicht bewusst ist. Denn er ist einfach da für uns. Auch wenn er still ist und schweigt. Und nicht auf das reagiert, was von uns kommt. Er nimmt uns einfach an, so wie wir sind. Gerade dann. In seinem Schweigen. Manchmal mögen wir dieses ‚nicht-reagieren' von unserem Dual als Gleichgültigkeit uns gegenüber auffassen. Aber das ist falsch. Denn wir können unserem Seelenpartner nicht gleichgültig sein. Die Liebe ist immer gegenseitig bedingt. Auch wenn unser Dual sich lange Zeit der Liebe erst einmal verweigert.

Echte Seelenpartner – nämlich die Dualseelen - sind dazu bestimmt, sich gegenseitig die „geschundene" und tief verletzte Seele wieder zu heilen.

Und im besten Fall eine wirkliche und dauerhafte Beziehung und Partnerschaft miteinander einzugehen. Wenn beide ihre Seele denn tatsächlich heilen konnten. Und in der Lage sind, sich aus alten Verstrickungen und Beziehungsmustern zu befreien. Diesen echten Seelenpartner nennt man die Dualseele. Weil dieser Seelenpartner das perfekt passende Gegenstück von uns ist. Ein Teil unserer Dualseele ist dabei genau wie wir. Der andere Teil ist uns gegensätzlich. Und deshalb genau perfekt für uns. Wie die beiden sich perfekt ergänzenden und ineinanderfügenden Teile des Yin und Yang. In beiden Teilen ist ein kleiner Teil der anderen Hälfte. Die sich immer gegenseitig spüren.

Bei der Dualseele ist es so, dass jeder der beiden Seelenpartner für sich bereits ‚ein Ganzes' ist. Und gemeinsam verschmilzt man dann zur ‚großen Einheit'.

Mit der Zwillingsseele ist es ähnlich. Genau wie mit all den anderen „normalen" Partnern die wir haben. Alle sind „irgendwie" passend für uns. Für den jeweiligen Zeitpunkt. Und manchmal nur für einen bestimmten Zeitraum.

Wir Menschen brauchen Bezeichnungen, um etwas eigentlich nicht fassbares mit Worten zu beschreiben. Denn die Dualseele ist ja im Grunde nichts anderes als ein anderer Mensch, der aufgrund seiner erlernten Beziehungsmuster, Verhaltensstrukturen, Charaktereigenschaften und Lebensumstände perfekt zu uns passt. Und uns somit passgenau ergänzt. Wie zwei Puzzleteile die sich ineinanderfügen. Oder eben wie das Yin und Yang. Weiblich und männlich. Weich und hart. Passiv und aktiv.

Der Mensch braucht Konzepte, um Erklärungen für sich zu finden. Erklärungen für Dinge, die er selber nicht beeinflußen kann. Und mit denen er auf irgendeine Art und Weise fertig werden muss. Und da die Seele an sich nicht wirklich fassbar für uns ist, brauchen wir eben ein Konzept um uns vor uns selber „rechtfertigen" zu können.

Wir alle sind Menschen mit einem freien Willen.

Und wenn der Mensch der zwar unsere Dualseele in sich trägt mit seinem freien Willen uns trotz allem nicht will, liegt das nicht an unserer Dualseele, sondern einzig und alleine am Menschen selbst! Es ist seine freie Entscheidung.

Was aber nicht einfach so passiert, sondern deshalb weil jeder der Seelenpartner zuerst seine alten Wunden heilen muss.

Unsere Dualseele wirft uns deshalb gnadenlos immer wieder auf uns selbst zurück. Sie weist uns ab, stösst uns von sich, lässt uns abprallen wie Wellen an einem Felsen. Weigert sich, die eigenen Gefühle zu spüren und auszuleben und lässt uns einfach nicht wirklich nahe an sich heran. Und zwar solange nicht, bis wir aus unseren Fehlern gelernt und uns weiterentwickelt haben.

Unser Dual hält uns immer wieder automatisch und instinktiv den Spiegel vor.

Und wenn wir in diesen Spiegel sehen, sehen wir uns selbst. Wir sehen all unsere seelischen Defizite, Ängste, Enttäuschungen und Verletzungen der Vergangenheit.

Blinde Flecke die wir bisher nicht erkannt haben. Alte ‚Programmierungen' aus unserer Kindheit, die wir heute nicht mehr brauchen. Weil sie uns vollkommen daran hindern, wahrlich glücklich zu sein.

Durch unser Dual können wir uns endlich heilen. Wir lernen uns selbst zu lieben. Und IN Liebe zu sein. Wir SIND Liebe.

Und wir finden ganz in unsere eigene Mitte. Wir ruhen ganz gelassen in uns selbst.

Wenn wir unseren echten Seelenpartner – unsere Dualseele – gefunden haben, bleibt kein Stein in unserem Gefühls-Leben mehr auf dem anderen.

Alles ist komplett anders als bisher. Diese Seelenpartner-Liebe ist mit nichts vergleichbar, was wir vorher für einen anderen Menschen gefühlt haben.

Wir fühlen unseren Seelenpartner überall.

In uns, um uns und in allem was um uns herum ist. In jedem Baum, in jedem Blatt, in jeder Wolke, in jeder noch so winzigen Pflanze, in jedem Sonnenstrahl, in jedem Wassertropfen wenn es regnet, in jedem Windhauch der uns berührt. Auch wenn er räumlich überhaupt nicht anwesend ist. Er ist eben ein Teil von uns. Und das ist sehr deutlich spürbar.

Wenn wir bisher in unserem Leben das Gefühl hatten emotional zu verhungern, fühlen wir uns mit unserer Dualseele plötzlich vollkommen gesättigt. Weil wir die Liebe selbst sind.

Und wir vertrauen einander grenzenlos. So wie wir noch keinem anderen Menschen vorher vertraut haben. Wir fühlen uns endlich angekommen. Nicht nur bei unserem Dual, sondern auch bei uns selbst. Wir sind in uns selbst endlich zu Hause.

Anfangs ist alles schön, wundervoll, traumhaft, magisch, emotional himmelhochjauchzend, tief und intensiv.

Aber sobald die verschiedenen Vorstellungen einer Beziehung bzw. Partnerschaft beider Seelenpartner auf den Tisch kommen, zieht der Kopfmensch sich zurück. Und bleibt auf Sicherheitsabstand.

Denn der Herzensmensch möchte eine enge und emotionale Bindung eingehen, der Kopfmensch ist dagegen rationaler. Und seine Gefühle blieben in seinen bisherigen Beziehungen immer nur an der Oberfläche.

Unser Dual erträgt es nicht, dass wir ihn durchschauen können.

Was ja für die hochsensiblen und hochsensitiven Menschen sowieso überhaupt kein Problem darstellt.

Er erträgt es nicht, dass er tatsächlich ‚gläsern' für uns ist. Denn das macht ihm Angst. Das macht ihm eine Riesenangst. Weil er nicht damit umgehen kann. Denn eigentlich wollte er ja überhaupt keine Gefühle mehr zulassen und in sich spüren. Eigentlich hat er sich der Liebe ja komplett verweigert. Und dann ist er auf uns als sein Dual getroffen. Und hat bemerkt, dass es da tatsächlich doch noch einen Menschen gibt, der sein ganzes „Alarmsystem" – seinen gesamten Selbstschutz den er sich in all den Jahren so mühsam aufgebaut hat – umgangen und den unsagbar kostbaren Schlüssel zu seinem Herzen gefunden hat.

Eigentlich liebt unser Dual uns ganz genauso wie wir ihn. Er will es nur nicht wahrhaben. Und zugeben schon gar nicht. Also verweigert sich unser Dual schlichtweg dieser tiefen, intensiven und einzigartigen Liebe.

Unser Seelenpartner will seine Gefühle für uns nicht spüren. Weil er mit dieser Liebe ganz einfach nicht umgehen kann. Denn sie haut ihn vollkommen um. Da er so etwas normalerweise noch niemals vorher erlebt hat.

Bei Dualseelenpartnern gibt es immer den Partner der aus dem Herzen lebt und den Partner der permanent zwischen Kopf und Herz hin und her schaltet. Leider überwiegt der Verstand bei diesen Menschen. Er behält die Macht und die Kontrolle über das Herz. Und somit über die Gefühle.

So schützt unser Seelenpartner sich davor, noch einmal massiv verletzt und enttäuscht zu werden. Denn er hat aufgrund früherer äußerst negativer Erfahrungen eine gewaltige Schutzmauer um seine Gefühle herum errichtet. Und diese Schutzmauer einzureißen und abzutragen ist ganz immens schwer. Denn unser ‚verkopftes' Dual blockiert aus Angst. Und wenn Angst die Macht hat, kommen wir nicht dagegen an.

Meistens ist der Herzensmensch weiblich und der Kopfmensch männlich. Es geht aber auch andersherum. Es gibt auch weibliche ‚Verweigerer' und männliche Herzensmenschen und ‚Kämpfer'. Allerdings kommt das eher seltener vor.

Die Herzensmenschen sind die ersten, die ihre ‚Lernaufgaben' machen müssen. Die sich aus ihren alten Verstrickungen lösen müssen. Die unpassende Verhaltensmuster aufbrechen und umlernen müssen. Unser Seelenpartner – der Kopfmensch – kann dies erst tun, wenn wir damit angefangen haben. Denn erst wenn wir als

Herzensmenschen aktiv in unserem Lernprozess sind, wird unser Dual automatisch in diesen Prozess integriert. Und er fängt ebenfalls an zu lernen.

Erst wenn wir vertrauensvoll ‚Loslassen' können und uns uns selbst zuwenden, kann unser Seelenpartner uns folgen. Denn er wird „passiv" durch diesen ganzen Lernprozess geführt. Von alleine kann unser Seelenpartner als Kopfmensch nicht anfangen umzudenken.

Er muss erst ein Gefühl des Verlustes in sich spüren. Er muss deutlich spüren, wie ein Leben ohne uns sich anfühlt. Nur so kann er mit seinen innersten verdrängten und verweigerten Gefühlen in Kontakt kommen. Und seine Liebe für uns wirklich spüren. Um sich letztendlich seinen eigenen Ängsten zu stellen.

Genau das gehört nämlich ebenfalls zum Lernprozess, durch die beide Seelenpartner gehen müssen.

Jeder muss zurück in seine ureigene Rolle finden.

In seine wahre kraftvolle Weiblichkeit und in die ‚wahre' Männlichkeit. Damit der weibliche Seelenpartner wieder auf passives „Empfangen" gestellt ist und der männliche Seelenpartner zurück in seiner Rolle des aktiven ‚Eroberers' kommt. Und natürlich ebenfalls in seinem Herzen ankommen kann.

Erst wenn dieser Ausgleich zwischen den beiden Dual-Seelenpartnern stattgefunden hat – wenn beide in ihrer innersten Mitte angelangt sind - wird eine gesunde, stabile und ‚neue' Beziehung und echte Partnerschaft – ein dauerhaftes ‚miteinander' möglich sein.

Es kann allerdings auch passieren, dass der sich der Liebe verweigernde Seelenpartner in seinen inneren Blockaden steckenbleibt.

Oder der andere nicht in seine ureigene Rolle findet. Und immer wieder um seine Dualseele kämpft.

Dann kann sich das ganze ‚Seelenpartner-Drama' schlimmstenfalls über viele Jahre hinziehen. Weil sich dann alles immer wieder wiederholt wie in einer Endlos-Schleife.

Das eine bedingt das andere. Aber eines sollten wir tunlichst vermeiden:

Wirklich niemals sollten wir unsere Dualseele bedrängen. Oder zu etwas zu „überreden" versuchen. Denn das funktioniert nicht. Damit werden wir nur das Gegenteil erreichen. Nämlich dass unser Dual sich zurückzieht und flüchtet.

Unser Dual flüchtet dann allerdings nicht vor uns als Person, sondern vor seinen eigenen Gefühlen.

Und vor unseren eigenen Gefühlen können wir nicht flüchten. Weil wir mit all unseren Gefühlen und Emotionen immer und überall verbunden sind.

Zeit geben, Freiraum lassen, Geduld haben...! Auch wenn es noch so schmerzvoll ist. Wahre Liebe schafft das!

Denn wenn es so vorgesehen ist und es ‚so sein soll' – dann werden wir auch eine gemeinsame Seelenbeziehung und wirkliche Partnerschaft mit unserem Dual führen.

Alles was wir dafür tun müssen ist eigentlich nur eins: Vertrauen!

Dem Leben an sich vertrauen, unserem Dual-Seelenpartner vertrauen. Und natürlich auch uns selbst vertrauen. Dann wird alles gut werden. Wenn es denn tatsächlich so vorgesehen ist.

Dasselbe gilt natürlich auch für andere Seelenpartner als nur unser Dual. Denn es ist immer noch ein ganz besonderes Privileg auf unseren Dualseelen-Partner zu treffen.

Es gibt Menschen die lernen „nur" einen ganz normalen Seelenpartner kennen. Während andere auf ihre Zwillingsseele oder auch auf ihre Dualseele treffen.

Manche treffen im Laufe ihres Lebens sogar auf alle: Auf ‚normale' Seelenpartner, auf ihre Zwillingsseele und auf ihre Dualseele.

Das ist dann ein ganz besonders kostbares Geschenk vom Leben. Und sollte mit aller Achtsamkeit behandelt werden.

Denn der echte Seelenpartner ist uns für unsere ganz persönliche Weiterentwicklung immer vorherbestimmt!

Was den „Mythos" Seelenpartner betrifft, sieht man nun sehr deutlich, dass auch Seelenpartnerschaft nicht unbedingt bedeutet, nur glücklich zusammen zu sein. Denn wir sind halt doch alle Menschen! Mit einem freien Willen, Gefühlen, Emotionen, Ängsten, Gedanken-Chaos, emotionalen Irrungen und Wirrungen, mit angelernten Verhaltens- und Beziehungsmustern, positiven und negativen Erfahrungen die uns geprägt haben...

Obwohl die tiefe Liebe die uns mit unserer Dualseele verbindet, so unbeschreiblich groß ist dass wir keine Worte dafür finden...

Absolut grenzenlos...würde das wohl am ehesten beschreiben...

2. Was grenzenlose Liebe wirklich ist

In allererster Linie bedeutet grenzenlos zu lieben, UNS SELBST wahrhaftig und bedingungslos zu lieben. Uns selbst anzunehmen und zu akzeptieren, wie wir nun einmal sind.

Mit all unseren Fehlern, Macken, Persönlichkeitsmerkmalen, „negativen" Angewohnheiten, unserem Aussehen, tiefsitzenden Glaubenssätzen, Konditionierungen, subjektiven Wahrnehmungen, unserer Hoch-sensibilität und emotionalen Sensibilität.

Über die Selbstliebe existieren leider viele Mythen, falsche Vorstellungen und Halbwissen.

Für viele Menschen bedeutet sich selbst zu lieben, egoistisch, egozentrisch oder gar narzisstisch zu sein. Genau das ist aber falsch!

Denn sich selbst wirklich zu lieben, hat rein überhaupt nichts mit Egoismus, Egozentrik oder gar Narzissmus zu tun.

Wahre (Selbst-)Liebe kommt aus unserem höheren Selbst. Nur wer sich selbst wirklich liebt, kann auch einen anderen Menschen tief, rein und wahr lieben.

Wahre Liebe heißt: Bedingungslos lieben. Sich selbst und andere.

Wahre Liebe kennt keine Begrenzungen, keine Erwartungen, keine Einschränkungen, keine Forderungen und keine Machtspielchen.

Wahre Liebe kennt kein:

♥ Du musst aber…
♥ Ich will aber…
♥ Wenn du mich liebst dann würdest du…
♥ Du liebst mich nur wenn….
♥ Du liebst mich ja gar nicht weil du nicht…

Wahre Liebe IST einfach nur. Sie ist frei und ‚Loslassend'.

Nur wer sich selbst wahrhaftig liebt, kann einen anderen Menschen auf diese Weise lieben.

Und gerade hochsensiblen Menschen fällt genau das immens schwer. Denn sie bekommen ja von außen permanent ihr Leben lang suggeriert, dass sie eben nicht in Ordnung sind, so wie sie MIT ihrer Sensibilität sind.

OBWOHL sie es sehr wohl sind!

Allerdings tragen sehr viele Menschen innere Blockaden und ungelöste innere Konflikte mit sich herum. Die sie genau daran hindern, sich auf die Selbstliebe und die wahre Liebe einem anderen Menschen gegenüber einzulassen.

Und ohne dass man sich auf die (Selbst-) Liebe einlässt, funktioniert das eben leider nun mal nicht.

Erst wenn die inneren Blockaden und ungelösten Konflikte gefunden und aufgelöst sind, kommen wir in die glückliche Lage uns selbst und andere bedingungslos und wahr lieben zu können.

Wobei bedingungslos zu lieben nun NICHT zwingend heißt, überhaupt keine Bedingungen stellen zu dürfen! Sondern den anderen TROTZDEM zu lieben. Auch wenn er uns Bedingungen,

Erwartungen oder Wünsche die wir haben, aus den unterschiedlichsten Gründen nicht erfüllen will oder es ganz einfach gar nicht kann.

Sehr oft beschränken, begrenzen und beschneiden wir uns selbst vieler Dinge. Und berauben uns so echter und bedingungsloser (Selbst-) Liebe und wirklicher Lebensqualität.

Ein großes Thema warum wir uns oft nicht selbst wirklich und wahrhaftig lieben (können), ist die Verlustangst. Meistens gehen wir automatisch davon aus, dass die Verlustangst damit zusammenhängt ‚dass wir eben Angst haben, den Menschen zu verlieren, den wir so sehr lieben.

Aber eigentlich kommt die Verlustangst tief aus uns selbst. Denn wenn wir Teile von uns selbst verloren haben oder uns von vornherein nie selber als vollständig angesehen haben, KÖNNEN wir uns NICHT selbst wirklich und wahrhaftig lieben. Das geht beim besten Willen nicht. Nur wenn wir uns selbst als vollständigen Menschen – als ein Ganzes wahrnehmen - kommt die wahre, und bedingungslose (Selbst-) Liebe zum tragen. Und wirklich bei uns an. Und somit auch die Liebe zum anderen.

Irrtümlicherweise ist es ja meistens so, dass wir davon ausgehen, dass wir selber nur eine Hälfte sind. Und ein (potenzieller) Partner ist die andere Hälfte. Und zusammen als Paar sind wir dann ein Ganzes. Das ist aber so nicht richtig. Denn - jeder Mensch für sich ist ein Ganzes. Kein Mensch auf der ganzen Welt ist alleine nur die Hälfte. Wir sind alle – jeder für sich – ein Ganzes. Und somit ein unabhängiges Individuum. Aber sehr oft fühlen wir uns erst zusammen als Paar vollständig und ganz. Wir machen uns abhängig von der Liebe und Anerkennung anderer. Womit wir aber einen fatalen Negativ-Kreislauf in unserem Inneren in Gang setzen.

Genau das hängt aber mit der fehlenden Selbstliebe zusammen. Erst wenn wir uns selbst genauso annehmen, akzeptieren, anerkennen und lieben wie wir nun einmal sind, KÖNNEN wir uns auch alleine als vollständig ansehen.

Sozusagen verschmelzen dann in einer Partnerschaft zwei vollständige individuelle Hälften zu einem „großen" Ganzen. Und auch diese „Einheit" ist wiederum sehr individuell.

Wenn wir uns nicht selbst lieben können, sollten wir uns zuallererst einmal fragen, WARUM das so und nicht anders ist. Was genau HINDERT uns an der Selbstliebe…?!

Um genau das herauszufinden, heißt es zuallererst sich auf Spurensuche zu begeben…sozusagen Ursachenforschung zu betreiben…

Die Ursache liegt normalerweise in der Kindheit. An den Konditionierungen und Glaubenssätzen die wir von unseren Eltern mitbekommen haben. Und die uns von klein auf in Fleisch und Blut übergegangen sind. Denn ein Kind GLAUBT natürlich all das, was die Eltern ihm sagen und beibringen. Weil es den Eltern bedingungslos (!) vertraut.

Ein Kind ist im Normalfall vollkommen unbedarft und unbelastet. Es ist innerlich noch frei. Es bewertet noch nicht. Es liebt und akzeptiert bedingungslos. Und zwar solange, bis es aus eigener Erfahrung eines besseren belehrt wird.

Je negativer, „falscher" und unpassender die Konditionierungen und Glaubenssätze sind, die wir als Kind mitbekommen haben, desto mehr nehmen wir uns selbst natürlich als negativ wahr. Und fühlen und handeln dann auch entsprechend.

Nur wer sich selbst wirklich und wahrhaftig liebt, kann ein glückliches und erfülltes Leben leben. Nur unter dieser „Bedingung" sind wir fähig, das Glück aus unserem Selbst zu schöpfen. Und uns selbst zu genügen. Wir ‚brauchen' dann nicht mehr den anderen, um uns glücklich zu sehen. Da wir uns ja selber – aus unserem Inneren - glücklich machen können.

Unser Partner ist dann genau das, was er auch sein sollte: Nämlich eine wundervolle BEREICHERUNG und ERGÄNZUNG für unser eigenes ohnehin schon von (Selbst-) Liebe erfülltes Leben.

Ein Partner ist nicht dafür da um uns glücklich zu machen!

Genau diese Erwartungshaltung lässt viele Beziehungen und Partnerschaften scheitern. Ein Partner sollte dafür da sein, um das eigene Leben (zusätzlich) zu bereichern!

Diese Einstellung können wir aber nur dann leben, wenn wir uns selbst wirklich lieben. Und wir mit uns selbst ganz und gar im reinen sind.

Wenn wir uns (noch) nicht selbst lieben können, lässt sich das aber jederzeit lernen!

Das ist ein innerer Prozess, der da in uns stattfindet. Und der natürlich auch seine Zeit braucht. Allerdings müssen wir uns gewisser Dinge schon bewusst sein. Ansonsten funktioniert genau das nicht. Wir brauchen in diesem Fall viel Geduld mit uns selber.

Da aber die wahre und bedingungslose Liebe zu fühlen, ein unendlich kostbares Geschenk vom Leben ist, lohnt sich diese – zugegebenermaßen nicht immer einfache - innere Arbeit in jedem Falle.

Oft ist es ja so, dass wir uns um alles mögliche in unserem Leben kümmern und bemühen. Wir kümmern uns um Äußerlichkeiten wie unsere Wohnung oder Haus, unser Auto, unseren Computer, unser Smartphone, iPad u.ä., unsere Frisur, unsere Kleidung und Schuhe, unseren Beruf, unser Ansehen bei anderen, unseren (äußeren) Status, um Urlaube, um andere Menschen, aber wir kümmern uns nicht um uns selbst. Um unser Inneres. Wir gönnen uns NICHT den Luxus, uns um unser Herz und um unser Seelenleben zu kümmern und zu bemühen. Obwohl wir innerlich oft leiden und mit belastenden Konflikten und Krisen zu kämpfen haben.

Unsere Seele (und oft auch unser Herz) VERKÜMMERT dann mit der Zeit regelrecht.

Uns selbst wirklich zu lieben, bedeutet nicht, egoistisch „unser Ding durchzuziehen" ohne Rücksicht auf Verluste.

Uns selbst zu lieben, bedeutet auch nicht, dass wir hundert mal am Tag in den Spiegel sehen und uns selbst bewundern.

Uns selbst zu lieben, bedeutet ganz einfach, zu uns selbst zu stehen. Zu uns selbst JA zu sagen.

Uns selbst anzunehmen, wie wir sind. Auf uns selbst Rücksicht zu nehmen. Uns MIT uns und IN uns selbst wohl zu fühlen. In unserer Mitte zu stehen. Ganz bei uns selbst anzukommen.

Leider wird uns heutzutage von außen beigebracht uns eben NICHT selbst zu lieben. Sondern uns stattdessen SELBSTLOS zu verhalten und uns lieber um andere zu kümmern.

Und genau das ist fatal und einfach falsch!

Denn wenn wir uns selbst nicht wirklich lieben, können wir das auch nicht nach außen transportieren. So kann die Liebe nicht fließen. Und somit kann auch nicht wirkliche und wahrhaftige Liebe bei uns selbst ankommen.

Womit wir wieder bei der gegenseitigen Anziehung – der Resonanz – wären. Denn nur was wir nach außen hin ausstrahlen, kann auch wieder zu uns zurück kommen. Mit anderen Worten: Nur das was wir aussenden, kommt beim (passenden) Empfänger an und wird von ihm wieder an uns zurückgespiegelt.

Wenn wir uns selbst also wirklich und wahrhaftig lieben – und damit ist auch nicht gemeint, dass wir „eingebildet" oder „arrogant" sein sollen – dann spüren das andere Menschen. Weil wir diese Selbstliebe ausstrahlen. Dann kommt auch genau diese (wahrhaftige) Liebe zu uns zurück.

Gerade hochsensible Menschen sollten unbedingt lernen sich selbst zu lieben. Und zwar genauso wie sie sind. Denn genau diese innere Stärke, das Selbstwertgefühl, das innere (Selbst-) Vertrauen und die innere (Selbst-) Sicherheit ist es dann, die sie vollkommen unabhängig macht, von der Meinung oder der Anerkennung anderer. Sie sind dann nicht mehr abhängig davon, von einem anderen Menschen geliebt zu werden. Weil sie fähig ist, aus ihrem inneren Selbst das Glück zu schöpfen.

Wenn dann noch ZUSÄTZLICH die Liebe eines Partners dazu kommt, dann empfinden wir diese Liebe als eine wundervolle BEREICHERUNG für das eigene Leben.

Sehr oft ist es ja so, dass wir lieber einen anderen Menschen lieben, als uns selber. Wir stellen sozusagen den anderen „über uns". Wir verzichten auf unsere eigenen Wünsche und Bedürfnisse. Wir verbiegen uns und geben uns selber auf. Für andere. Aber was bekommen wir eigentlich von diesen Menschen wirklich zurück…?

Verbiegt der andere sich genauso wie wir selbst…? Oder nimmt der andere nur, während wir selber immer nur und immer mehr von uns geben…?

Das alles ist KEINE wahre und bedingungslose Liebe. Wir sind dann nicht IN Liebe. Wir sind NICHT Liebe.

Ist es nicht so dass wir – solange wir uns nicht selbst lieben –

irgendwie das diffuse Gefühl oder eine innere Zerrissenheit in uns spüren, dass uns irgendetwas fehlt im Leben?

Wir können nur nicht definieren und benennen, was genau es ist. Höchstwahrscheinlich ist genau das die wahre (Selbst-) Liebe, die wir oft über lange Zeit so sehr vermissen.

Haben wir das starke Gefühl, dass wir vom Partner nicht genügend geliebt werden oder wünschen wir uns verbissen, dass wir bedingungslos geliebt werden, dann sollten wir ernsthaft in uns hineinspüren und herausfinden, ob wir denn selbst eigentlich in der Lage sind, einen anderen Menschen wahrhaftig und bedingungslos zu lieben. Denn genau das können wir nur, wenn wir uns selbst wirklich und wahrhaftig lieben.

Bevor wir also darauf warten, von einem anderen Menschen – und insbesondere von unserem Dual - glücklich gemacht und (wahrhaftig) geliebt zu werden, sollten wir dringend erst einmal bei uns selbst ankommen. Und uns selbst lieben lernen. Dann kommt auch die wahre Liebe automatisch in unser Leben. Erst wenn die seelischen Defizite - innere Blockaden, Krisen und Konflikte gelöst und geheilt sind, können wir uns selbst wirklich und wahrhaftig lieben. Und dann folgt alles andere…

Wenn wir das aus irgendwelchen Gründen nicht können, wird uns genau zum richtigen Zeitpunkt und punktgenau im richtigen Moment, unsere Dualseele geschickt. Die uns dann im wahrsten Sinne des Wortes in die wahre und bedingungslose Liebe bringt.

Erst in die tiefe, allumfassende, intensive Liebe zu SICH – und zwingt uns damit regelrecht, in die tiefe, allumfassende Liebe ohne jegliche Bedingungen, zu UNS SELBST zu finden.

Und uns selbst anzunehmen. Alles anzunehmen wie es ist. Weil wir es sowieso nicht ändern können. Und wir nicht alles kontrollieren können. Auch wenn wir uns das einbilden. Wenn wir kontrollieren, dann tun wir das lediglich aus Angst. Niemals aus Liebe. Und schon gar nicht aus bedingungsloser Seins-Liebe.

Diese allumfassende, bedingungslose, tiefe, intensive und reine Seins-Liebe „sprengt" absolut unser Bewusstsein. Diese Liebe „sprengt" jegliche Vernunft. Denn unser Verstand kann sich diese Liebe nicht erklären. Unser Verstand kann die Dimensionen dieser Liebe überhaupt nicht fassen. Und schon überhaupt nicht für sich verarbeiten.

Deshalb wird die Seelenliebe zu unserem Dual auch als absolut einzigartig und grenzenlos von uns empfonden. Weil es in dieser Liebe keine Begrenzungen gibt. Weder innere, noch äußere. Die Dimensionen dieser Seelenliebe sind unendlich...

3. Was Dualseelen sind

Unsere Dualseele ist eigentlich nichts anderes als unser perfekt zu uns passendes und ergänzendes Gegenstück. Dualseelen sind wie das Yin und Yang. Sie fügen sich in vollkommener Perfektion ineinander. In beiden Dualen ist immer auch ein kleines Stück vom anderen Dualseelen-Teil.

Persönlichkeitsstrukturen, Charaktermerkmale, erlernte Verhaltens- und Beziehungsmuster, Lebenserfahrungen, Konditionierungen, Glaubens-sätze, Normen und Werte, Lebensvorstellungen – all das ergänzt sich bei beiden Dualen absolut perfekt, und schmiegt sich nahtlos ineinander.

Dualseelenbegegnungen sind speziell. Sie sind sehr besonders und etwas außergewöhnliches. Über "normale" Seelenpartnerbeziehungen gehen sie weit hinaus.

Dualseelen sind besonders starke Seelen.

Diese Seelen sind bereit, miteinander zu wachsen und sich gegenseitig bei der seelischen Weiterentwicklung zu unterstützen. Aus diesem Grund können sich diese Seelenpartner auch nicht suchen. Zusammengehörende Dualseelen finden sich. Und zwar ausschließlich dann, wenn beide Seelen einen gewissen Reifegrad erreicht haben. Und wenn beide Seelen durch ihre vorhergehenden Erfahrungen bereit sind, aufeinander-zutreffen. Somit können sie sich gar nicht verfehlen.

Die Begegnung wird genau im richtigen und passenden Augenblick passieren.

Mit der Dualseele im Leben ist alles anders.

Größer. Höher. Tiefer. Weiter. Schöner. Bunter. Intensiver. Wundervoll. Einmalig. Außergewöhnlich. Einzigartig. Zauberhaft.

Magisch.

Dualseelen leben und lieben sich in Freiheit.

In Gelassenheit. In tiefem und unfassbarem Vertrauen. Grenzenlos. Sie gehen von Grund auf respektvoll und achtsam miteinander um.

Dualseelen stehen für absolut tiefe, intensive, allumfassende, wahrhaftige und bedingungslose Liebe. Diese Liebe ist absolut einzigartig.

Bedingungslose Liebe bedeutet, unser Dual einfach ANZUNEHMEN. Genauso wie er ist. Die Situation anzunehmen. Genauso wie sie ist. Zu akzeptieren. Alles. Genauso wie es ist. Und uns dabei in erster Linie um uns selbst zu kümmern. Das Glück und die Liebe aus uns selbst zu beziehen. WIR SELBST sind die Quelle unseres Glücks. Nicht unser Dual. Unser Dual ist nur eine unendlich kostbare und wertvolle Ergänzung zu uns selbst.

Die Dualseelenbeziehung ist eine völlig neue Art von Bindung. Mit einer normalen Partnerschaft überhaupt nicht vergleichbar. Das was im Leben bisher mehr oder weniger funktioniert hat, geht mit der Dualseele nicht mehr. Denn man kann bei Dualseelen nichts beeinflussen.

Das funktioniert nicht. Da alles genauso passiert wie es sein soll. Es ist vorherbestimmt. Man kann sein Dual NICHT manipulieren. Man kann absolut NICHTS erzwingen oder sein Dual unter Druck setzen. Man kann auch NICHTS in diesem Entwicklungsprozess beschleunigen. Alles braucht seine Zeit. Auch wenn es noch so schwer fällt und noch so sehr weh tut.

Einfach weil man sein Dual schmerzlichst vermisst, wenn es Zeiten des Nicht-Sehens oder auch zeitenweise überhaupt keinen Kontakt gibt.

- Rückzüge der Dualseelen

Das wiederholte zurückziehen von einer Dualseele oder von beiden kommt daher, weil die Energie zwischen den beiden Seelen so immens stark und kraftvoll ist, dass Sie zeitenweise einen gewissen „Sicherheits-Abstand" voneinander brauchen.

Weil die immense Intensität der Gefühle oft äußerst schwer aushaltbar ist. Und sich ein absoluter ‚Weltschmerz' in einem einstellt, der einen vollkommen zu überfluten droht.

Dabei handelt es sich aber ausschließlich um alte seelische Verletzungen die an die Oberfläche ins Bewusstsein kommen. Und die unbedingt bearbeitet und geheilt werden wollen. Das kann man nicht von sich wegschieben oder vor sich herschieben. Denn sonst macht man alles nur schlimmer.

Unser Dual spiegelt uns dies so lange immer wieder aufs Neue, bis wir aktiv werden und unsere emotionalen Schmerzen in uns heilen.

Außerdem liegt der Flucht-Impuls - vor allem beim Verstandesmenschen - in nicht bewältigten Ängsten. Die sehr gravierend sein können.

Sowie bei beiden an der anstehenden Bewältigung alter Muster und der Auflösung innerer Blockaden.

Und manches kommt tatsächlich erst dann ins Bewusstsein und man kann es für sich bearbeiten, wenn man vorübergehend keinen Kontakt zu seinem Dual hat.

In dieser Zeit hat man zwar das Gefühl innerlich tausend Tode zu sterben, es zerreisst einem förmlich das Herz und die Seele ohne das so geliebte Dual, aber um die Weiterentwicklung nicht stagnieren zu lassen, muss man da einfach durch.

Die Belohnung dafür ist dann umso wundervoller. Und wenn man es dann noch schafft, als Frau in seine Ur-Weiblichkeit zurückzukehren und sein Dual automatisch damit mitzieht - und er dadurch in seine Ur-Männlichkeit (zurück) findet, ist das ein unbeschreiblich kraftvolles, sinnliches und starkes Gefühl für das gesamte Sein beider Duale.

Und nur weil unser Dual sich zeitenweise von uns abwendet, bedeutet das noch lange nicht, dass er uns nicht liebt.

Denn die Liebe ist definitiv in beiden Seelen vorhanden.

Auch wenn der „verkopfte" Verstandesmensch dies erst einmal weit von sich schiebt und nicht wahrhaben will. Oder die Liebe zu seinem Dual - dem Herzensmenschen - erst einmal verleugnet. Eine Dualseelenliebe kann NICHT einseitig sein. Auch wenn sich das immer wieder einmal so anfühlt. Oder wenn es nach außen hin so scheint.

Ganz wichtig ist im Dualseelen-Prozess Vertrauen.

Vertrauen in sich selbst, Vertrauen in sein Dual und Vertrauen zum Universum. Denn Dualseelen werden von einer so mächtigen Kraft geführt, gegen die man als Mensch nicht ankommt. Diejenigen die sich mitten in ihrem Dualseelen-Prozess befinden, werden verstehen was ich meine.

Und am allerwichtigsten ist es, der eigenen Wahrnehmung zu vertrauen!

Fühlt sich die Situation mit dem Seelenpartner – der Dualseele – stimmig, passend und richtig für Sie persönlich an? Fühlen Sie sich absolut wohl mit Ihrem Dual? Tut er Ihnen unendlich gut?

‚Wollen' Sie ihn wirklich als echten Partner haben? Aus Ihrem reinen freien Willen? Bedingungslos? Ohne jegliche Erwartunghaltung?

Oder gar Forderungen an ihn, die er nicht erfüllen kann? Weil er der einzig ‚Richtige' für Sie scheint? Dann vertrauen Sie! Und lassen ihn innerlich los. Kümmern Sie sich um SICH. Um Ihr eigenes Wohlbefinden. Um Ihre eigenen Bedürfnisse. Um Ihre Wünsche, Visionen und Ziele. Denn genau darum geht es in erster Linie. Um SIE.

Ihr Dual kann für sich selbst sorgen. Was er auch muss, wenn er in seine ur-männliche Rolle zurückkehrt. Denn das ist seine Aufgabe. Dass ER sich um SIE bemüht. Und nicht Sie ihn ‚bemuttern' und ‚betütteln' und sich um ihn kümmern. Sie sind NICHT seine Mutter! Sondern Sie sind die Frau seines Herzens. ER muss zu IHNEN kommen, wenn er Sie wirklich mit jeder Faser seines gesamten Seins will.

- immer wieder werden wir 'getestet'

Immer wieder werden Sie während des Seelenpartnerprozesses automatisch in Testphasen geführt. In denen Sie im wahrsten Sinne des Wortes getestet werden. Ob Sie gelernt und sich tatsächlich weiterentwickelt haben.

Immer wieder werden Sie in Situationen in Ihrem Leben und auch mit Ihrem Dual geführt, in denen Sie – wenn Sie bewusst darauf achten - deutlich spüren, dass Sie jetzt getestet werden.

Ob Sie wieder in Ihr altes Verhaltensmuster zurückfallen oder ob Sie innerlich schon gewachsen sind. Und vertrauen. Losgelassen haben. Ihre Verlustangst überwunden haben.

Denn nur so können Sie und Ihr Dual sich dauerhaft wirklich einander annähern.

Auch wenn das jetzt paradox klingt. Es ist tatsächlich so. Ihr Dual ‚testet' Sie allerdings nicht immer bewusst. Außerdem können beide Duale das nicht kontrollieren. Ihr Dual spiegelt Ihnen aber ganz automatisch immer die Seiten des Lichtes und der Schatten in Ihnen. Er spiegelt Ihnen die Liebe, aber auch innere Mängel und Defizite. Das positive und das negative. Immer gerade so wie Sie sich seelisch weiterentwickeln. Und was Sie nach außen hin aussenden. Und ausstrahlen.

Ihr Dual spürt alles, was Sie betrifft. Genauso wie Sie alles spüren, was ihn betrifft. Sie entwickeln sich miteinander. Auch wenn Dualseelen-Männer oft länger brauchen, als ihre weiblichen Duale.

Bei den Kopfmenschen ist es so, dass sie zwar auch spüren, wenn es dem weiblichen Dual schlecht geht, sie beziehen das aber in diesen Momenten nicht auf ihr weibliches Dual. Sondern auf sich selbst. Sie denken eben, dass sie sich selbst aus irgendeinem Grunde unwohl fühlen. Es sei denn, sie informieren sich ihrerseits über die intensiven Gefühle und über das „warum" der besonderen Situation. Und finden von selbst heraus dass sie auf ihre Dualseele getroffen sind.

Woran rational denkende Kopfmenschen aber sowieso erst einmal nicht glauben. Oder es zumindest weit von sich schieben. Da es ihnen absolut suspekt und ganz und gar unmöglich erscheint. Denn da sie so etwas ja noch niemals zuvor erlebt haben, können sie erst einmal nicht wahrhaben und glauben, dass es da tatsächlich einen Menschen gibt, der sie so perfekt ergänzt. Und der sie ganz genauso liebt, wie sie nun einmal von Grunde auf sind. MIT all seinen Fehlern, Angewohnheiten, kleinen oder größeren liebenswerten Macken usw...

Allerdings sind – wenn die weiblichen Duale hochsensibel oder emotional sensibel sind, die männlichen Duale das immer auch. Und wenn das weibliche Dual empathisch und spirituell veranlagt ist, hat auch das männliche Dual diese Eigenschaften tief in sich. Auch wenn ihm das vor der Begegnung mit seinem weiblichen Dual in keiner Weise bewusst war. Und er aufgrund der Lebensumstände entsprechend anders gelebt hat.

Haben Sie deshalb Geduld und geben Sie ihm in Liebe die Zeit und den Raum, den er für seine Weiterentwicklung – genau wie Sie - nun einmal braucht.

Und wenn es so sein soll, wenn es tatsächlich vorherbestimmt ist, kommen Sie mit Ihrem Dual auch zusammen. Dann werden Sie ‚von ganz allein' in eine Partnerschaft mit ihm geführt. Dann kann auch er sich nicht mehr dagegen ‚wehren'. Auch er schafft es dann nicht mehr, gegen seine Liebe für Sie anzukämpfen. Und die Kontrolle über sein Herz auf Dauer aufrechtzuerhalten. Weil ihm das viel zu viel Kraft und Energie abverlangt. Die er eigentlich für andere Dinge braucht.

Je mehr Sie bei sich bleiben, desto schneller findet die Weiterentwicklung statt.

Je mehr Sie in sich heilen, desto mehr wirken Sie auf Ihr Dual ein.

Wenn Sie sich fragen ob Ihr Dual Sie wirklich liebt, wo er doch immer wieder kalt und abweisend Ihnen gegenüber ist und Sie regelrecht von sich stösst:

Ja er liebt Sie genauso!

Er kann es nur noch nicht zulassen. Da er noch in seinen alten Mustern der Ablehnung, Angst und Unsicherheiten gefangen ist. Es braucht nun einmal seine Zeit, bis er sich aus seinen Fesseln der selbstauferlegten Eigenbegrenzung wahrhaft lösen und befreien kann.

- Momente voller Liebe

Sicherlich haben Sie schon Situationen mit Ihrem Dual erlebt, in denen Sie sehr deutlich spüren konnten, wie die Liebe und Energie zwischen Ihnen beiden vollkommen frei fließen konnte. Und Sie sich innig und nah waren. Weil Ihr Dual in diesen Momenten weicher und zugänglicher wurde. Und es zulassen konnte dass die Liebe zwischen Ihnen fließt.

Woraufhin Ihr Dual aber doch wieder Angst bekommen hat – eben WEGEN der starken Energien und intensiven Gefühle – und er sich somit erst einmal wieder von Ihnen zurückgezogen hat.

Er kann nicht anders. Denn die Intensität dieser Gefühle überrollen ihn dermaßen, dass sie für ihn eine ‚Bedrohung' darstellen. Er fühlt sich seelisch dann äußerst verletzlich. Und das jagt ihm eine Heidenangst ein. Somit muss er wieder eine unsichtbare Mauer um sich hochziehen und sich dahinter verschanzen.

Einfach um sich zu schützen.

Er zieht sich nicht vor Ihnen zurück um Sie zu ärgern. Und auch nicht um Ihnen weh zu tun.

Der Schmerz den Sie als Folge in sich spüren, kommt IMMER aus Ihnen selbst!

Das ist IHR Schmerz! Es sind IHRE nicht erfüllten Erwartungen und Wünsche. IHRE eigenen Begrenzungen. Und IHRE alten seelischen Verletzungen die Ihnen weh tun.

Weil Sie die Liebe – wenigstens teilweise - immer noch im Außen suchen. Anstatt in sich selbst vertrauensvoll zu ruhen. Denn in erster Linie sind Sie selbst es, der für die Erfüllung Ihrer Bedürfnisse zuständig ist.

Und solange Sie sich diese Bedürfnisse nicht selbst erfüllen, werden Sie immer wieder emotionale Schmerzen in sich spüren.

Sie denken es ist die Liebe die Sie so sehr schmerzt. NEIN! Es ist die ABWESENHEIT der Liebe die so schmerzhaft für Sie ist! Und deretwegen Sie so sehr in Ihrem Leid gefangen sind.

Je mehr Sie sich selbst lieben lernen und sich selbst vollkommen vertrauen, wird auch der Schmerz in Ihnen verschwinden.

Denn wenn Sie sich selbst vertrauen, können Sie auch dem Leben an sich vertrauen. Und das Leben schenkt Ihnen immer genau das was Sie für sich brauchen. Aber eben nur dann (!) WENN Sie in der Lage sind, vollkommen zu vertrauen.

Und noch ein klitzekleiner – aber äußerst wirksamer Tipp von mir:

Seien Sie unendlich DANKBAR für Ihre Dualseele. Seien Sie dankbar für jede Sekunde, die Ihre Dualseele sich in Ihrem Leben befindet. ZEIGEN Sie Ihre Dankbarkeit auch. Zeigen Sie sie Ihrer Dualseele und auch dem Leben an sich. Denn nur so kann sich all das erfüllen, was Sie sich doch so sehr wünschen. Indem Sie immer wieder Ihre Dankbarkeit Ihrem Dual und dem Leben gegenüber wirklich FÜHLEN...!

4. Und was Zwillingsseelen für uns bedeuten

Bei Zwillingsseelen handelt es sich immer entweder um zwei sich vollkommen in ihren Gefühlen befindenen Herzensmenschen, oder um zwei rational denkende Kopfmenschen.

Beide gleichen sich also in ihrer Persönlichkeitsstruktur. Beide besitzen das gleiche Denken, Fühlen und Handeln. Eben wie Zwillinge identisch sind.

In unserem Seelenzwilling können wir lesen wie in einem Buch. Denn das was uns an ihm so vertraut ist, kennen wir auch von uns selbst.

Mit unserer Zwillingsseele kommen wir sehr schnell in eine Beziehung und Partnerschaft. Im Gegensatz zu unserer Dualseele. Wo dies ja erst einmal nicht möglich ist.

Allerdings kann es sein dass, wenn Ihr Seelenzwilling - oder auch Sie selbst - in bestimmten Mustern festhängen, eine klassische On-Off Beziehung entsteht. Da auch Ihr Seelenzwilling sich aufgrund tiefsitzender Ängste und alten seelischen Verletzungen nicht wirklich auf echte Nähe und eine wirklich feste Bindung einlassen kann. Die klassische Bindungsangst kommt hier dann zum tragen.

Das trifft natürlich bei weitem nicht auf alle Zwillingsseelen zu. Denn auch hier darf man keinesfalls verallgemeinern. Aber es kommt vor.

Auch mit der Zwillingsseele spüren wir eine tiefe Verbundenheit und Vertrautheit.

Wir haben auch hier das Gefühl sie schon ewig zu kennen. Wir denken im selben Moment dasselbe, der eine fängt einen Satz an und der andere vollendet ihn usw...

Es kann passieren, dass wir als hochsensibler und hochsensitiver Mensch verstärkt Vorahnungen haben. Und sehr oft spüren, was denn nun als nächstes passieren wird. Oder was unsere Zwillingsseele tun wird. Und das trifft dann auch genau so ein.

Auch Synchronizitäten treten gehäuft auf.

Zwillingsseelen kennen sich in- und auswendig. Sie wissen beide sehr genau wie der andere tickt. Und wie er auf was reagiert.

Zwillingsseelen sind absolut vorhersehbar.

Was bei Dualseelen **nicht** der Fall ist. Denn Duale handeln immer gegensätzlich zu dem was wir denken, was sie als nächstes tun.

Auch mit der Zwillingsseele kann man nicht enden wollende Gespräche führen. Irgendetwas hat man sich immer zu erzählen. Es verbindet einen eine tiefe Freundschaft.

Trotzdem fühlt es sich mit unserer Zwillingsseele vollkommen anders an als mit unserem Dual. Wir spüren sehr deutlich die Unterschiede.

Nicht nur was das Mensch-Sein betrifft. Nicht nur der Charakter und die Persönlichkeit ist anders. Obwohl es zwischen der Zwillingsseele und der Dualseele durchaus Ähnlichkeiten sowohl in bestimmten Verhaltensweisen gibt, als auch in der Persönlichkeitsstruktur an sich.

5. Warum wir so enorme Sehnsucht spüren

Die Dualseelenliebe toppt jede andere Art von Liebe. Sie ist die vollkommenste, tiefste und intensivste Liebe die es überhaupt auf dieser Erde gibt.

Sie ist eben die reine Seins-Liebe.

Wenn wir selbst hochsensibel oder emotional sensibel sind, ist es unser Seelenzwilling und unser Dual immer ebenso.

Die Energie die zwischen beiden Dualseelen permanent fließt, ist dermaßen stark und intensiv, dass wir gar nicht anders können, als eine grenzenlose Sehnsucht nach dem anderen zu spüren. Wenn unser Dual - aus welchen Gründen auch immer - nicht bei uns sein kann, stellt sich ein bisher ungekanntes absolut kraftvolles Gefühl des vermissens und des ‚sehnens' in uns ein. So dass wir zeitenweise sogar in heftige und stundenlang andauernde Weinkrämpfe verfallen. Weil wir mit dieser immensen Energie und quälenden Sehnsucht nach unserem Dual überhaupt nicht umgehen können. Das müssen wir mit der Zeit erst lernen.

Wir konstruieren uns dabei eine künstliche Wirklichkeit, die in uns die Sehnsucht brennen lässt. Und halten den Kreislauf der Sehnsucht so aufrecht. Und scheuen die Erlösung und Erfüllung daraus. Denn wir fürchten uns vor dem Nichts, dass sich dann vermeintlich in unserem Inneren bildet. Wir misstrauen ihm.

Aber welches Nichts denn überhaupt? Was genau ist dieses Nichts?

Dieses Nichts ist nichts weiter als die Normalität. Wir fürchten uns aber vor dieser Normalität. Vor der Sicherheit, die die wahre Liebe uns gibt. Obwohl wir nichts mehr wollen als das. Wir wollen zwar Normalität und Harmonie in der Liebe, aber wir haben auch Angst davor. Weil wir dann vermeintlich nicht mehr spüren, dass wir leben. Dass wir fühlen. Dass wir ‚leiden'. Dieses süße, nicht enden wollende qualvolle Gefühl der unendlichen und unbeschreiblichen Sehnsucht, die wir oft viele Jahre lang in uns tragen. Wir fürchten seine Erfüllung. Und suhlen uns stattdessen im Leid. Wir vermeiden die Erfüllung der Sehnsucht, wie der Teufel das Weihwasser meidet. Wir vermeiden es glücklich zu sein, weil wir der Illusion verfallen sind, dass Glück bedeutet, Sehnsucht zu empfinden. Somit halten wir uns selber in diesem Kreislauf gefangen.

Erst wahres Leid lässt uns sehr intensiv spüren, dass wir imstande sind, wahrhaftig zu lieben. Aber wenn wir einfach nur lieben, ist uns das „unheimlich". Wir haben immense Angst davor, einfach zu lieben. Weil wir meist gar nicht wissen, wie das eigentlich geht. Einfach nur zu lieben. Ohne Erwartungen, ohne Ansprüche, ohne ständig Bedingungen zu stellen und Forderungen zu haben.

Liebe einfach nur zuzulassen. Liebe einfach nur auszuhalten. Liebe einfach nur zu empfinden. Aus unserer Vergangenheit sind wir es oft „gewöhnt", um die Liebe zu kämpfen. Liebe ‚haben' zu wollen. Wir haben niemals gelernt wie es ist, die Liebe eines anderen Menschen einfach nur anzunehmen. Und gar nichts zu tun. Nichts zu tun. Nichts dafür zu tun, aber auch nichts dagegen zu tun. Liebe einfach nur auszuhalten.

Stattdessen wenden wir uns lieber dem Leid zu. Denn das kennen wir zur Genüge. Das ist uns bekannt. Damit wissen wir umzugehen. Das ist nichts neues für uns. Weil Leid uns unser ganzes Leben begleitet hat.

Wenn wir uns im Leid suhlen, können wir ausgiebig in unserer Sehnsucht baden. Wir können in unseren süßesten Träumen schwelgen. Was wäre aber...wenn...? Wenn sich die Sehnsucht erfüllt...?

Erfüllt sie sich tatsächlich, stehen wir da wie der ‚Ochse vor dem

Berg'. Und wissen erst einmal nicht weiter. Und dann fangen wir vor lauter Angst und Unsicherheit an, die Liebe und unsere Beziehungen zu sabotieren...

Wahres Glück ist etwas vollkommen anderes. Wahres Glück ist, in der inneren Stille unseres Herzens und unserer Seele angekommen zu sein. Im Einklang mit dem Menschen zu leben, den wir doch ‚eigentlich' so sehr lieben. Die Türe zu unserem Herzen zu öffnen und die Liebe willkommen zu heißen.

Die Türe zu unserem Herzen und somit zur wahren Liebe zu öffnen, kostet aber unglaublich viel Mut. Und sie kostet uns unglaublich viel Kraft. Diese Türe dient uns als Schutz. Als Schutz vor unseren eigenen Gefühlen. Die Türe unseres Herzens aufzuschließen und gleichzeitig die Kontrolle abzugeben über das, was dann passiert, wenn die Türe weit offen ist, ist ein Gang ins Ungewisse.

Wir fragen uns ernsthaft, was versteckt sich hinter dieser Türe? Was passiert, wenn wir die Türe ein Stück weit öffnen? Und die Kontrolle immer mehr loslassen? Und einfach vertrauen? Und annehmen was dann passiert? Was entdecken wir dort hinter der Tür? Springt uns vielleicht sofort die Normalität entgegen? Überfällt sie uns regelrecht mit ihrer Anwesenheit? Oder jagt uns gar die ‚Langeweile' einen Heidenschreck ein, weil sie plötzlich und unerwartet vor uns auftaucht? Weil wir gar nicht wissen, was wir mit dieser Normalität und vermeintlichen Langeweile in der Liebe eigentlich machen sollen? Oder zieht die Normalität sich erst einmal misstrauisch zurück und harrt der Dinge die da kommen wollen? Wartet vielleicht die Normalität dahinter schon lange ‚sehnsüchtig' darauf, endlich befreit und gelebt zu werden?

Ja, auch die Normalität kann Sehnsucht empfinden. Sehnsucht danach, endlich einmal beachtet zu werden. Und endlich einmal zum Zuge zu kommen. Nicht immer nur hintenanstehen zu müssen. Und der „Langeweile" Gesellschaft zu leisten.

Was kommt dann auf uns zu, wenn wir tatsächlich die Kontrolle über unser Herz vollständig abgeben? Und uns in unseren eigenen Gefühlen verlieren? Uns in der Liebe verlieren? Uns in der ‚Normalität' zu lieben und geliebt zu werden verlieren?

Dann kriecht sie leise, zögernd aber deutlich spürbar, wieder in uns hoch. Die Sehnsucht nach der Sehnsucht. Wir sehnen uns danach, die Sehnsucht in uns wieder zu spüren. Wir sehnen uns danach, wieder zu leiden. Dieses süße, unerträgliche und qualvolle Leid zu empfinden. Weil wir denken, es ist eben NICHT normal, KEINE Sehnsucht zu fühlen. Eben weil wir Erfüllung nicht kennen. Und somit ist es uns auch fremd, Liebe einfach nur zu empfinden. Die Liebe an sich zu ‚empfangen'. Es ist uns fremd, einfach nur Normalität zu spüren. Gleichklang mit dem Menschen an unserer Seite zu spüren.

Wahre Liebe, echte Nähe und Normalität macht uns eine Wahnsinnsangst. Und deshalb sabotieren wir diese Liebe. Immer und immer wieder. Wir flüchten vor dieser Liebe. Wir laufen weg, verstecken und verkriechen uns, verweigern uns der Liebe, weisen sie von uns, leugnen sie ab, kämpfen dagegen an, schweigen uns aus, wollen nichts davon wissen...

Aber warum?

Weil wir die wahre Liebe einfach nicht aushalten können. Weil wir mit einer solchen Intensität, Stärke und Konstanz der Liebe nicht umgehen können. Wir haben genau das ja niemals gelernt. Stattdessen haben wir immer Partner ‚gefunden', die uns unbewusst auf Distanz halten. Und uns gar nicht erst zu nahe kommen. Und so unser Inneres nicht wirklich berühren können. Weil sie ebenfalls mit der Liebe nicht umgehen können. Und uns genau dieses dann spiegeln. Aber erst wenn wir bewusst darauf achten, erkennen wir diesen Spiegel an unserer Seite so richtig. Und erst ab dann können wir ganz bewusst handeln.

Wir können ganz bewusst lernen zu lieben. Wir können lernen, die Liebe einfach nur auszuhalten. Und gar nichts damit zu tun. Wir können lernen die Liebe einfach nur wahrzunehmen. Und sie zu spüren. Sie anzunehmen. Sie zuzulassen. Ohne eine „Gegenleistung" vom anderen zu erwarten. Oder gar einzufordern. Und zu verlangen. Wir können lernen einfach zu lieben.

Aber was hindert uns daran, genau dieses zu tun?

Genau. Eine massive Angst. Angst vor der Liebe an sich. Angst den anderen zu verlieren. Angst UNS im anderen zu verlieren. Angst die Kontrolle über unsere Gefühle zu verlieren. Angst uns verletzlich zu zeigen. Seelisch nackt vor dem anderen zu sein. Und Angst wieder enttäuscht zu werden. Angst zu versagen. Angst nicht zu genügen. Angst unsere „Freiheit" zu verlieren. Angst uns emotional abhängig zu machen. Angst...Angst...Angst...

So funktioniert Liebe nicht. Denn Liebe lässt sich nicht kontrollieren. Liebe IST einfach nur. Sie IST. Liebe ist in uns, Liebe ist im anderen. Liebe vervielfältigt sich, wenn sie nicht kontrolliert wird. Wenn sie erwidert wird. Wenn sie dagegen keine Resonanz vom anderen bekommt, erlischt sie irgendwann.

Die Angst halten wir selbst aufrecht. Die Angst vor Nähe und somit die Angst vor der Liebe.

All das sind Zeichen, dass wir überhaupt nicht wirklich lieben können. Wir meinen zwar dass wir es können, in Wahrheit können wir es aber nicht. Auch wenn wir glauben Liebe zu empfinden. Natürlich ist es Liebe dass wir fühlen. Nach unserer eigenen Definition. Eben nach unserem Gefühl. Nach dem was wir unser Leben lang kennen. Und unter Liebe verstehen. Aber es nicht die reine ‚Seins-Liebe' - nicht die absolut wahre und bedingungslose Liebe. Die kennen wir nicht. Die müssen wir erst lernen.

Was wir kennen, ist Verlangen. Und Begehren. Und ‚Haben' wollen.

Wenn wir unseren Seelenpartner treffen – und gar unser Dual - begehren wir diesen dann in einer solchen Intensität, wie wir noch niemals zuvor einen anderen Menschen begehrt haben. Weil dieser Mensch imstande ist Gefühle in uns zu wecken, wie es kein anderer Mensch vorher konnte. Und diese Gefühle möchten wir natürlich wieder und wieder spüren. Und nicht wieder verlieren. Aber alles ist eben nur eine Illusion. Das ist (noch) nicht die wahre ‚Seins-Liebe'. Die müssen wir lernen. Durch unsere Dualseele „gezwungenermaßen". Da er uns ja immer wieder von sich weist. Und unsere tiefe Liebe permanent mit Füßen tritt. Weil er selber von einer solchen Sehnsucht, Begierde und Angst erfüllt ist, dass ihm gar nichts anderes übrig bleibt, als erst einmal davonzulaufen. Und sich vor seinen eigenen Gefühlen vermeintlich zu verstecken. Was natürlich faktisch gesehen ganz unmöglich ist. Denn auch wenn er bis ans Ende der Welt flüchten würde, wäre doch die Angst, Begierde und die Sehnsucht immer bei ihm.

Und auch er muss erst einen Weg für sich finden, genau passend damit umzugehen. Weil auch er dies niemals gelernt hat. Und uns das so schmerzhaft spiegelt wie es kein anderer Mensch auf dieser Erde kann. Auch unser Dual muss erst lernen Liebe einfach nur zuzulassen. Liebe wirklich zu fühlen. Sie anzunehmen und auszuhalten.

Und diese Geduld sollten wir einfach aufbringen für den wichtigsten Menschen (nach uns selbst) in unserem Leben.

Die Tränen die durch all die gefühlte und unerfüllte Sehnsucht von uns Menschen geweint wurden, würden ganze Ozeane füllen. Was würden wir tun, so ganz ohne Sehnsucht? Wenn wir auf einmal doch in der Normalität landen und gelernt haben wirklich zu lieben? „Langweilen" wir uns dann? Vermissen wir die Sehnsucht? Trauern wir ihr nach?

Suchen wir uns ‚Ersatz' für die Sehnsucht? Was wäre ein adäquater ‚Ersatz'? Die Illusion? Schwelgen wir dann in irgendwelchen utopischen Phantasien und malen uns aus, wie unser Leben sein könnte, wenn wir nicht ein Leben in Liebe und ‚Normalität' und somit echtem Bestand gewählt hätten? Flüchten wir uns dann in Tagträume? Und leben so wieder an der Realität vorbei? Weil unser so geliebtes Dual uns wieder nicht gerecht werden kann? Und er das ja ganz genau spürt? Und sich deshalb vielleicht von Anfang an distanziert uns gegenüber verhält? Und keine echte Nähe zulässt? Weil er unsere innere Unsicherheit wahrnimmt? Und ihm genau dies noch mehr Angst macht als er sowieso schon hat?

Und wie ist das mit uns? Halten wir die Nähe zu unserer Dualseele dann aus? Halten wir es aus, mit ihm zusammenzuleben? Ihn tagtäglich zu sehen? Halten wir es aus, wenn doch nicht alles nur harmonisch verläuft? Oder provozieren wir Streit, Konflikte, Diskussionen? „Stören" und sabotieren wir aus dieser inneren Unsicherheit heraus permanent den Frieden und die Harmonie und somit die Normalität der Beziehung? Oder laufen wir gar selber wieder weg?

Keine Beziehung der Welt kann nur harmonisch verlaufen. Auch nicht die zwischen zwei Dualseelen. Selbst wenn die reine und bedingungslose Seins-Liebe von beiden miteinander gelebt wird. Denn nur weil wir unsere Seele geheilt haben, bedeutet das noch lange nicht, dass wir immer einer Meinung mit unserem Dual sind. Oder dass wir plötzlich zu „Ja-Sagern" werden.

Was auch gar nicht sein kann, da er ja unser Gegenstück ist. Und nicht unser Seelenzwilling.

Wenn das tatsächlich der Fall wäre, dann würde sich ja wieder für den anderen verbogen. Für vermeintlichen Frieden in der Beziehung. Und auch wieder aus Angst. Dieser Frieden ist aber trügerisch. Und vielleicht reicht irgendwann ein winziges Tröpfchen Unzufriedenheit bei irgendetwas aus, und das Faß der Geduld läuft über. Und die ganze Beziehung fliegt einem wieder gewaltig um die Ohren. Normalität wäre eigentlich die Erfüllung all unserer Sehnsüchte.

Unserer Träume und Wünsche. Aber dies tun wir eben oft nicht aus Angst was danach kommt. Was kommt nach der Erfüllung...

Wir haben Angst, uns zu „langweilen". Obwohl das Leben ständig aus Herausforderungen besteht. Die wir zu lösen haben. Normalität ist sowieso relativ zu sehen. Jeder versteht etwas anderes darunter. Aufgrund unserer unterschiedlichen Wahrnehmung.

Wir Menschen sind Gewohnheitstiere. Das was wir kennen, tun wir auch. Was wir nicht kennen, löst oft Angst und Unsicherheit aus. Deshalb tun wir uns auch so immens schwer mit Veränderungen im Leben. Und bleiben oft lieber im alten Trott stecken. Obwohl wir nicht glücklich damit sind.

Liebe – Leid - Sehnsucht, das ist der Kreislauf der Angst.

Und den haben wir selber gewählt. Weil wir es nicht anders kennen. Weil wir das ganz einfach so gewohnt sind.

Niemand hat uns je gezeigt, wie es funktioniert Liebe einfach nur auszuhalten. Und einfach nur zu empfinden. Nichts dafür und nichts dagegen zu tun. Einfach in unserer eigenen Mitte zu sein. Und aus dieser Mitte heraus vertrauensvoll zu agieren. Nicht auf den anderen zu reagieren. Sondern bei UNS zu bleiben. Die Liebe einfach anzunehmen. Sie zu ‚empfangen'. Und sie einfach nur zu genießen.

Erst dann ist ein wahres gegenseitiges ‚geben und nehmen' möglich.

Das ist hart. Das ist schwer. Das ist sogar ganz verdammt schwer. Dazu braucht es Geduld, Geduld und nochmal Geduld. Und zwar Geduld mit uns selbst. Und ein bisschen Verständnis, wenn wir nicht immer alles schaffen, was wir uns vorgenommen haben. Selbst wenn wir unser bestes tun, gibt es immer Schwankungen. Mal entfernen wir uns wieder von uns, mal nähern wir uns wieder an. Aber auch das ist Normalität. Wir dürfen es uns gönnen nicht perfekt zu sein. Weil das einfach menschlich ist.

Es ist auch ein ganz gewaltiger Unterschied, ob wir Sehnsucht aus einer emotionalen Bedürftigkeit heraus empfinden, oder weil wir unseren Partner einfach aus reiner Liebe vermissen, wenn er aus welchen Gründen auch immer, nicht ständig bei uns sein kann. Weil er uns einfach als Mensch fehlt. Weil wir seine Stimme so gerne hören. Weil wir uns so gerne in seinen Augen verlieren. Weil wir ihn so gerne lächeln sehen. Weil wir so gerne unendliche Gespräche mit ihm führen. Das ist wahre Liebe und keine emotionale Bedürftigkeit.

Meiner Meinung nach ist es ein wegschieben der Verantwortung, wenn gesagt wird dass wir – wenn wir uns vollkommen in der wahren Selbstliebe, also der reinen ‚Seins-Liebe' befinden – keine Sehnsucht und keine Begierde mehr nach unserem Partner – auch unserem Seelenpartner – empfinden. Und dass wir diesen dann nicht mehr ‚haben' wollen.

Natürlich haben wir Sehnsucht. Und natürlich ‚wollen' wir den Menschen, den wir so sehr lieben. Und natürlich begehren wir diesen Menschen.

Ist es nicht ein unbeschreiblich wundervolles Gefühl, wenn dieser Mensch in der Lage ist, dass wir uns bei ihm so männlich als Mann, oder so weiblich als Frau fühlen, wie wir das noch niemals zuvor bei einem anderen Menschen empfunden haben?

Natürlich ‚wollen' wir uns diesen Menschen bewahren. Und mit diesem Menschen zusammensein. Das hat meiner Ansicht nach nicht zwangsweise etwas mit ‚Bedürftigkeit' zu tun.

Es ist einfach meiner Ansicht nach Unsinn, wenn behauptet wird, dass wir – wenn wir uns in reiner ‚Seins-Liebe' befinden, überhaupt keinen anderen Menschen mehr „brauchen" oder ‚haben' wollen. Dass wir uns stattdessen immer selber genügen. Oder wir keinen

Partner mehr „brauchen", sondern lieber alleine sind.
Wir Menschen sind nicht dazu geboren worden, um alleine zu sein.

Natürlich brauchen wir eine gesunde Portion Eigenverantwortung. Natürlich sollen wir erst einmal bei uns selber bleiben und unseren emotionalen Mangel selber ausgleichen. Das Glück und die Liebe in erster Linie aus uns selber beziehen. Was aber NICHT heißt, dass wir niemand anders mehr um uns herum oder in unserem Leben „brauchen".

Auch können wir nicht einen Menschen den wir wahrhaftig und bedingungslos lieben, einfach gegen einen anderen „austauschen". Nur weil uns dieser Mensch vielleicht nicht will. Oder Angst hat sich auf uns einzulassen.

Denn DAS wiederum wäre überhaupt KEINE wahre Liebe.

Wenn wir den Menschen den wir doch so sehr lieben, tatsächlich einmal NICHT mehr ‚haben' wollen, dann meiner Erfahrung nach deshalb, weil dann irgendetwas vorgefallen ist, woraufhin wir entschieden haben, dass wir lieber ohne diesen Menschen leben wollen.

Dann empfinden wir aber auch wirklich keine Sehnsucht mehr nach diesem Menschen. Und dann verliert sich auch die Liebe zu ihm irgendwann. Oder sie verwandelt sich in Freundschaft. Weil wir nicht mehr bereit sind, uns für diesen Menschen immer wieder zu verbiegen. Denn dieser Mensche verbiegt sich ja auch nicht für uns.

Abgesehen davon, sollte sich kein Mensch für den anderen verbiegen müssen. Das wäre dann auch wieder keine wahre und bedingungslose Liebe. Das wäre dann emotionale ‚Bedürftigkeit' und wieder das ‚haben' wollen. Aus einem inneren emotionalen Mangel heraus.

Und auch die Sehnsucht die wir in diesen Momenten empfinden, wäre keine Sehnsucht aus Liebe, sondern aus einem „weil wir den anderen brauchen" um diesen emotionalen Mangel in uns zu stillen, heraus.

Wenn wir also aus diesem Kreislauf der Angst vor der Einkehr der Normalität in Beziehungen – der Unsicherheit und Erhaltung der Sehnsucht - und der Verhinderung deren Erfüllung aussteigen wollen, sollten wir lernen wahrhaftig zu lieben.

Die Liebe in uns einfach zu spüren. Die Liebe zuzulassen. Sie anzunehmen und sie auszuhalten. Nicht mehr dagegen anzukämpfen. Oder auch nichts mehr DAFÜR zu tun und uns so wieder zu verbiegen.

Weil wir – wenn wir dann wahrhaftig lieben können – trotzdem noch Sehnsucht in uns spüren werden. Aber nicht mehr die Sehnsucht aus ‚Bedürftigkeit'. Sondern die Sehnsucht aus reiner und bedingungsloser Liebe unserer geliebten Dualseele gegenüber.

Sehnsucht wird es immer in uns geben. Der Unterschied besteht nur in dem „wie" und „warum" wir diese empfinden. Und wie wir dann mit dieser süßen bis unerträglich quälenden und manchmal kaum auszuhaltenden Sehnsucht in uns umgehen.

Es ist vollkommen natürlich, Sehnsucht zu empfinden wenn wir unser Dual vermissen.

Wie wir allerdings in diesen Momenten damit umgehen, das ist hier die große Frage.

Verlieren wir uns in diesem unendlich intensiven Gefühl des ‚sehnens' und ‚begehrens' und ‚wartens' auf unsere Dualseele und finden aus dem empfundenen quälenden Leid nicht mehr heraus – oder spüren wir die Sehnsucht ganz bewusst, lassen sie zu, durchleben sie, erlauben uns für eine Weile in dieser süßen Sehnsucht zu schwelgen und lassen die Sehnsucht dann wieder los. Und wenden uns wieder unserem alltäglichen Leben zu.

Sehnsucht empfinden wir deshalb, weil wir etwas ‚haben wollen'. Soll heißen, es wird uns nicht erfüllt. Wir ‚wollen' unser Dual, ‚bekommen' ihn aber erst einmal nicht. Und es ist wie gesagt ein Himmelweiter Unterschied, ob wir unser Dual ‚haben' wollen und Sehnsucht nach ihm spüren, aus einem inneren Mangel heraus, oder weil wir ihn wirklich wahrhaftig und bedingungslos lieben. Und absolut NICHTS im Gegenzug von ihm erwarten. Denn erst dann – wenn unser Dual keinerlei Erwartungen mehr bei uns spürt was ihn betrifft – wird er sich uns wirklich annähern können. Da dann seine Angst sich minimieren und auflösen kann, dass er unsere Erwartungen und unseren inneren Mangel ja gar NICHT erfüllen und stillen KANN.

Weil er weiß, dass wir das mittlerweile selber können. Erst wenn er keinen Sog mehr aus unserer Richtung spürt, wird er sich uns dauerhaft zuwenden und sich auf uns einlassen können.

Wenn wir unser Dual ebenfalls einfach nur SEIN lassen können...

6. Warum das Loslassen nicht funktioniert

Wenn vom „Loslassen" der Dualseele die Rede ist, ist damit NICHT gemeint, dass wir uns von unserem Dual frustriert trennen oder enttäuscht abwenden sollen!

Sondern es soll damit gesagt werden, dass wir unsere Dualseele inklusive des ganzen Lernprozesses einfach ANNEHMEN sollen.

Das bedeutet, dass wir den Menschen der das perfekte Gegenstück zu uns selber darstellt, einfach akzeptieren, genauso wie er ist. Mit all seinen Fehlern, Schwächen, Macken, seelischen Verletzungen usw.

Genau das ist bedingungslose Liebe.

Es anzunehmen und zu akzeptieren, dass nicht alle unsere Erwartungen, Forderungen, Ansprüche und Wünsche die wir an unser Dual haben, von ihm auch erfüllt werden. Weil unser Dual dies ganz einfach oftmals überhaupt NICHT kann. Denn es sind unsere EIGENEN inneren Mangelzustände, die wir SELBST ausgleichen müssen.

Das ist nicht die Aufgabe unseres Duals!

Es sind unsere EIGENEN Erwartungen, von denen wir enttäuscht sind wenn sie von außen nicht erfüllt werden. Es sind NICHT die Erwartungen unseres Duals! Es sind unsere EIGENEN Wünsche und Forderungen, die emotionale Schmerzen in uns verursachen, wenn sie nicht erfüllt werden. Es ist NICHT die Dualseele die uns verletzt!

Manchmal sind es gar Projektionen die wir auf unser Dual werfen. Und die uns emotional schmerzen. Weil wir sie von uns abspalten. Und sie mit unserem Dual identifizieren. Was vollkommen falsch ist. Denn ER kann absolut NICHTS für unser inneres Empfinden. Er kann nichts für unsere seelischen Verletzungen und Enttäuschungen aus unserer Vergangenheit.

Genauso wie wir nichts dafür und auch nichts daran ändern können, dass unser Dual so sehr in seinen Ängsten gefangen ist. Und seine eigenen seelischen Wunden und Verletzungen in sich trägt. Die er erst einmal bewusst für sich verarbeiten und endgültig hinter sich lassen muss.

Wenn wir uns enttäuscht abwenden oder uns gar bewusst von unserer Dualseele „trennen" und lossagen würden, wäre das KEINE wahre und bedingungslose Liebe! Und auch nicht die Lösung. Denn das hieße klar und deutlich, dass wir uns immer noch in einem inneren emotionalen Mangel befinden würden. Wir würden dann immer noch von unserem Dual erwarten, dass er diesen Mangel in uns ausgleicht. Was er aber ganz einfach überhaupt nicht kann. Da er voll und ganz damit beschäftigt ist, seine eigenen Seelenwunden zu pflegen und seine eigenen Mangelzustände wieder zu füllen.

Abgesehen davon, würde das sowieso nicht funktionieren. Weil dann früher oder später ein nie gekannter emotionaler Schmerz in uns aufsteigen würde. Und wir diese emotionalen Schmerzen nicht ertragen und aushalten würden.

Wir Herzensmenschen sind nicht in der Lage, unsere Gefühle dermaßen zu kontrollieren, zu unterdrücken und wegzudrücken, wie das unser Dual – der Kopfmensch – scheinbar ganz wunderbar kann.

Wir würden unser Dual so sehr vermissen, dass es uns im wahrsten Sinnes des Wortes innerlich zerreisst. Wir würden unkontrollierbare und heftigste Weinkrämpfe bekommen und irgendwann in tiefe Depressionen fallen. Denn eine Seelenliebe – eine Seelenverbindung können wir nicht zerstören. Wir können sie – selbst wenn wir es noch so sehr wollten - nicht trennen. Sie wird immer irgendwie in unserem Leben präsent sein. Selbst wenn wir über lange Zeit keinerlei Kontakt zu unserem Dual hätten.

Denn Dualseelen sind untrennbar für immer miteinander verbunden. Immerhin hat es ja einen Sinn, dass wir unser Dual gefunden haben.

Und wenn wir diesen Sinn ignorieren und nicht sehen wollen, nur weil wir vielleicht frustriert und traurig sind, haben wir den Sinn dieser Seelenbegegnung überhaupt nicht verstanden. Dann hat uns quasi das Leben dieses unendlich kostbare und wertvolle Geschenk vollkommen „umsonst" gemacht. Denn unsere seelische Entwicklung wäre dann doch noch nicht so weit, sich mit dieser Dualseelenverbindung adäquat auseinanderzusetzen.

Denn - wenn Sie Ihr Dual schon nicht genauso annehmen und akzeptieren wollen wie er nun einmal ist, wie wollen Sie sich dann selbst genauso annehmen und akzeptieren, wie Sie selbst nun einmal sind? Wenn Sie sich von Ihrem Dual abwenden, wenden Sie sich gleichzeitig auch von sich selber ab! Sie laufen dann weg vor Ihren eigenen Unzulänglichkeiten. Und schieben nur alles vor sich her. Sie verzögern somit den ganzen Lernprozess. Anstatt sich damit bewusst auseinanderzusetzen und aktiv Ihre Seele zu heilen.

Was das 'Loslassen' betrifft, sollten jegliche bedürftigen ERWARTUNGEN und FORDERUNGEN und ANSPRÜCHE die Sie an Ihr Dual haben - die aus einem Mangel-Denken heraus aus Ihrem eigenen Selbst kommen - Losgelassen werden.

'Emotionale BEDÜRFTIGKEIT' sollten Sie Loslassen.

'KONTROLLE' sollten Sie Loslassen. Vor allem die Kontrolle über Ihr eigenes Herz!

Was vor allem für die Kopfmenschen gilt. Was meistens die männlichen Duale sind. Denn wer sein Herz kontrolliert, kann weder Liebe wirklich GEBEN, noch kann er Liebe von seinem Dual wirklich ZULASSEN. Und wahre Liebe wirklich EMPFANGEN!

Weil Sie so - wenn Sie Ihr Herz nicht KOMPLETT der wahren Liebe öffnen, immer etwas in sich zurückbehalten! Sie begrenzen sich quasi selbst. Und wahre Liebe lässt sich nicht begrenzen. Denn wahre Seelen-Liebe ist ganz einfach GRENZENLOS!

Sie müssen AUFMACHEN. Ihr Herz vollkommen für diese Liebe öffnen. Und diese Liebe ZULASSEN. Nur so kann sie Ihr gesamtes Sein fluten. Und Ihr ganzes Selbst durchdringen. So dass Sie diese wunderbare, allumfassende und tiefe Liebe mit jeder Faser Ihres Körpers, Ihres Herzens und Ihrer Seele aufnehmen und empfangen können.

Wahre und bedingungslose Liebe passiert freiwillig! Sie IST einfach nur.

Ihre Dualseele und somit auch sich selbst anzunehmen und zu akzeptieren, ist sehr viel schwerer umzusetzen, als sich einfach umzudrehen und wegzulaufen. Was im übrigen NICHT bedeutet, dass Sie sich alles gefallen lassen sollen. Und es einfach hinnehmen sollen, wenn Ihr Dual etwas tut, was Ihnen selbst nicht gefällt!

Gesunde Grenzen zu setzen ist hier ganz enorm wichtig!

Es ist verdammt schwer und äußerst schmerzhaft, sich mit seinem eigenen Seelenleben zu befassen. Und alte Verletzungen in sich zu heilen. Aber lohnt sich das nicht für das wahre und bedingungslose Glück? Lohnt sich das nicht für Sie selbst?

Loslassen sollten Sie auch die VORSTELLUNG, wie eine Beziehung mit Ihrem Dual zu funktionieren und zu verlaufen hat.

Denn wir alle sind von unserer Kindheit an mit bestimmten Mustern konfrontiert und konditioniert, was Beziehungen und Partnerschaften angeht. Ob wir das so WIRKLICH wollen und uns wirklich wohl dabei fühlen, steht auf einem völlig anderen Blatt.

Deshalb sollten wir uns nicht von außen in ein vorgegebenes "Beziehungs-Korsett" zwängen lassen. Nur weil wir das von unseren Eltern so vorgelebt bekommen haben. Oder weil das in der Gesellschaft allgemein so üblich ist.

Hier gibt es kein "richtig" oder "falsch". Jeder Mensch sollte die Freiheit haben dürfen, individuell für sich zu entscheiden, was für ihn persönlich passend oder unpassend ist. Was er als richtig für sich empfindet und was als falsch. Mit was er sich wohl oder unwohl fühlt.

Denn es ist immer Ihr EIGENES Leben über das Sie entscheiden! Sie müssen hier NICHT den Erwartungen anderer entsprechen!

Wenn es sich stimmig und richtig für Sie selbst anfühlt, wenn Ihr Dual Ihnen unendlich gut tut und Sie sich unendlich wohl mit ihm fühlen, auch wenn er noch in seinen alten Mustern und Ängsten verharrt und gefangen ist, dann sollten Sie lernen, auf Ihren Ur-Instinkt zu vertrauen. Und alles genauso annehmen wie es ist. Denn – Sie sollen Ihr Dual ja nicht wirklich Loslassen.

Sie sollen Ihr Dual nämlich in Wahrheit einfach nur „frei" lassen. Und ihm vertrauen.

Vertrauen darauf, dass er das richtige tut. Vertrauen darauf, dass seine Liebe zu Ihnen siegen wird. Vertrauen darauf, dass er seinen ureigenen Weg zu IHNEN finden wird. Egal wie lange das auch dauert.

Forcieren können Sie sowieso nichts. Es dauert alles nun einmal solange es dauert. Auch wenn es Ihnen noch so weh tut und Sie noch so sehr schmerzt. Und Sie noch so sehr Ihre Sehnsucht nach Ihrem Dual quält.

Sie sollten sich fragen:

- ♥ Was genau möchten Sie Loslassen? (Verlustangst, Erwartungen, Kontrollbedürfnis usw.). Das müssen Sie genau für sich definieren.
- ♥ Sie müssen erst einmal wirklich zulassen und annehmen, (akzeptieren) was Sie Loslassen möchten.
- ♥ Sie müssen es aushalten und bewusst spüren und durchleben, was Sie Loslassen möchten. Wenn Sie Verlustangst Loslassen möchten, müssen Sie diese Angst ganz bewusst zulassen, spüren, aushalten und durchleben! Nur dann können Sie Ihre Angst ruhigen Gewissens wirklich Loslassen. Und nur dann werden Sie sich innerlich wahrhaftig befreit fühlen. Weil Sie dann entspannt und gelassen sein können. Und einfach nur vertrauen, dass alles richtig wird.
- ♥ Nur indem Sie wahrhaftig vertrauen, können Sie annehmen und dann Loslassen. Denn Sie lassen wie gesagt ja nicht wirklich Ihr Dual los, sondern Sie nehmen die Situation an, wie sie ist. Sie akzeptieren es – und lassen dann Ihre Angst, Ihre Erwartungen, Ihr Kontrollbedürfnis usw. vertrauensvoll los.
- ♥ Sie müssen sich diesem Prozess des annehmens und akzeptierens vertrauensvoll HINGEBEN. Und sich HINEINFALLEN lassen.

Und wenn er DANN freiwillig zu Ihnen „zurück kommt" – dann ist es auch vorherbestimmt, dass Sie gemeinsam eine ‚geheilte' Beziehung miteinander führen. Und Ihr Leben zusammen als „richtiges" Paar verbringen dürfen.

Allerdings sollten Sie beim ‚akzeptieren' sehr genau darauf achten dass Sie WIRKLICH akzeptieren.

Und TATSÄCHLICH die Situation und Ihr Dual so annehmen wie es ist.

Falsch verstandenes annehmen und akzeptieren ist nämlich KEIN annehmen und akzeptieren.

Frustriertes ausharren und resigniertes ertragen der Situation mit Ihrem Dual ist KEIN wirkliches annehmen!

Hoffnung ist eine versteckte Erwartung (warten)! Sie WARTEN auf Ihr Dual. Und ‚warten' ist eine aktive Handlung, die energetisch in die vollkommen falsche Richtung läuft.
Ihr Dual einfach „fallen zu lassen" ist ebenfalls kein annehmen. Das wäre Frustration und aufgeben pur. SICH selbst würden Sie damit aufgeben! SICH selbst würden Sie damit im Stich lassen.

Wenn Sie Ihr Dual FESTHALTEN wollen, sollten Sie sich dringend fragen WARUM Sie ihn festhalten.

- ♥ Was wollen Sie mit dem „festhalten" erreichen?
- ♥ Was fehlt Ihnen in Wahrheit?
- ♥ Was vermissen Sie in sich?
- ♥ Welchen inneren Mangel soll er Ihnen ausgleichen?
- ♥ Was brauchen Sie für sich?
- ♥ Was möchten Sie vielleicht durch ihn kompensieren?

Denn – festhalten = klammern aus Angst - Verlustangst!

Wenn Sie sich an Ihr Dual klammern, wird er Ihnen erst recht davon laufen. Er wird flüchten. Weil ihm das erst recht Angst macht. Und er hat schon mit genügend Ängsten in sich zu kämpfen.

Sie müssen Ihm stattdessen Vorbild sein. Ihm zeigen dass diese Seelenliebe Sie stark macht. Sie müssen ihm Struktur geben. Emotionalen Halt geben. Vor allem wenn ER endlich die Kontrolle SEINER Gefühle Loslässt und deutlich weicher Ihnen gegenüber wird. Und deutlich mehr Nähe zulässt.

Sie müssen bei SICH bleiben lernen. Sich um sich selbst kümmern.

Gut für sich selbst sorgen. Sich Ihre emotionalen Bedürfnisse selbst erfüllen.

Wenn Sie Ihr Dual festhalten, könnte es sein dass Ihnen Sicherheit fehlt. Geborgenheit fehlt. Dass Sie emotionalen Halt für sich brauchen.

Geben Sie sich selbst (Selbst-)Sicherheit. Geben Sie sich selbst Halt. Geben Sie sich selbst Geborgenheit!

Und vor allem: Geben Sie sich selbst (Selbst-) Liebe!

Wenn Sie noch in der Phase des „festhaltens" sind, ist es für Sie noch ein weiter Weg bis zum annehmen und Loslassen – frei lassen – können.

Bleiben Sie bei SICH und HEILEN Sie sich ganz bewusst. Dann kann auch Ihr Dual in sich selbst heilen. Weil er immer spüren wird wenn sich etwas bei Ihnen oder in Ihnen verändert. Er spürt die winzigste Veränderung, was Sie betrifft. Und das wirkt sich wiederum auch auf Ihr Dual aus.

7. Muster und Verstrickungen der Dualseelenpartner

Gerade bei den Kopfmenschen der Dualseelenverbindung - die ja echte Nähe und eine wirklich enge Bindung aufgrund ihrer massiven Ängste nicht zulassen können - müssen alte Verstrickungen gelöst und gravierende seelische Verletzungen geheilt werden.

Es müssen Traumata verarbeitet, innere Blockaden und Ängste aufgespürt und gelöst werden. Falsche Konditionierungen müssen "umprogrammiert" und negative Glaubenssätze gelöscht werden.

Hier muss ganz gezielt mit sehr viel Geduld in die Tiefe gegangen werden.

Denn all diese falschen Beziehungs- und Verhaltensmuster verdammen den Kopfmenschen regelrecht dazu, immer wieder vor der wahren und tiefen Liebe wegzulaufen. Und die Flucht zu ergreifen. Und hindern ihn daran, eine wirklich befriedigende, erfüllende und Kraft gebende Beziehung und Partnerschaft mit seinem weiblichen Dual zu führen. Weil er aufgrund seiner tiefsitzenden falschen Muster überhaupt nicht glauben kann, dass er tatsächlich derart liebenswert und wundervoll ist, wie sein Herzens-Dual ihm immer wieder klarzumachen versucht. Er vertraut diesen Aussagen nicht. Weil er das aus vorherigen Bezichungen so überhaupt nicht kennt. Denn er DURFTE in seiner Vergangenheit überhaupt NICHT so sein, wie er eigentlich in seinem wahrsten inneren Kern schon immer ist.

Er musste Rollen erfüllen, die andere von ihm ERWARTET haben. Eltern, Partnerinnen, Freunde, Arbeitskollegen usw. Nämlich Leistung zu zeigen und zu funktionieren. Er musste sich also in seinen Beziehungen permanent verbiegen. Weil auch die Frauen in diesen Beziehungen oft gravierende emotionale Mängel in sich hatten. Und entsprechende Erwartungen an ihn gestellt haben. Die er aber wiederum überhaupt nicht erfüllen konnte. Sein wahrer Selbstwert, seine Selbstliebe und sein Selbstvertrauen sind dabei absolut auf der Strecke geblieben.

Selbst wenn er beruflich immer überaus erfolgreich war und sich genau da eben NICHT hat verbiegen lassen. Das ist auch einer der Gründe warum gerade die Kopfmenschen einer Dualseelenverbindung sich lieber in ihre Arbeit flüchten und vergraben. Weil sie immerhin dort auf andere Art und Weise genau die Anerkennung bekommen, die sie in ihren Beziehungen und Partnerschaften so sehr vermisst haben. Und weil sie so ihre Gefühle und Emotionen kontrollieren und unterdrücken können. Da sie sich auf andere Dinge konzentrieren „müssen". Diese Menschen sind leider wahre "Workaholics". Und leben eigentlich nur für Ihren Job.

Die Liebe wurde bei ihnen immer nur oberflächlich angekratzt und gelebt. Obwohl ganz tief in seinem Inneren eine unbeschreiblich tiefe und intensive Sehnsucht danach ist, wahrhaftig und bedingungslos geliebt und angenommen zu werden. Und zwar genauso wie er in seinem tiefsten Kern schon immer ist. Diese Liebe in ihm wartet eigentlich nur darauf, wirklich berührt zu werden. Sie wartet nur darauf endlich gelebt werden zu dürfen.

Wenn da nicht diese tiefsitzenden und gewaltigen Ängste wären. Mit denen sich der vor seinen Gefühlen flüchtende Kopfmensch immer wieder selber im Weg steht. Und wenn dieser Mensch auch noch hochsensibel oder emotional sensibel ist, ist er eigentlich unbeschreiblich zu bedauern. Weil er oft über viele Jahre lang in seinem Käfig des oberflächlichen Sicherheitsmodus, der falschen Beziehungen, des Selbstzwanges und der emotionalen Eigenbegrenzung lebt. Und sich emotional und seelisch überhaupt nicht entfalten kann. Weil er das ja nie durfte.

Genau deshalb traut er sich jetzt auch nicht, die Kontrolle über sein Herz Loszulassen. Und seine tiefe Liebe wirklich zuzulassen. Obwohl er es durchaus genießt, zu wissen dass er so unbeschreiblich tief und intensiv von seinem weiblichen Dual geliebt wird. Sobald ihm aber etwas zu eng wird, es ihn emotional zu sehr berührt und ihm so zu nahe geht, zieht er sich wieder zurück. Und geht wieder auf Sicherheitsabstand. Weil ihm genau diese innige Nähe "unheimlich" wird. Und er sie somit nicht erträgt. Weil er seinem eigenen Glück dermaßen geliebt zu werden, leider absolut misstraut. Nur indem eine tiefe innere Heilung statt-findet, werden die immer wieder vor ihren Gefühlen flüchtenden Kopf-menschen in die Lage versetzt, ihre wahre und tiefe Liebe zu ihrem Dual wirklich zuzulassen. Um so letztendlich diese wahre und bedingungs-lose Liebe auch leben zu können. Und die Liebe ihres Herzens-Duals wirklich anzunehmen, zuzulassen und auszuhalten.

So dass gemeinsam eine Beziehung und Partnerschaft mit echter Nähe und Innigkeit geführt und gelebt werden kann. Um diese tiefe und unbeschreibliche Sehnsucht die ihn immer wieder quält, endlich zu beruhigen und zu stillen.

Deshalb ist es auch so immens wichtig, dass die Herzens-Menschen der Dualseelenliebe sich innerlich konsequent heilen.

Um so ihrem über alles geliebten Seelenpartner "subtil" auf die Sprünge zu helfen. Damit auch er sich bewegen und sich innerlich heilen kann.

Ihr Dual spürt es deutlich, wenn Sie bei SICH bleiben und sich innerlich heilen.

Das wirkt sich auch auf ihn, auf sein Verhalten und auf seine seelische Weiterentwicklung aus! Je konsequenter Sie bei Ihrer eigenen Weiterent-wicklung bleiben, desto mehr wird auch Ihr Dual "gezwungen" an sich zu arbeiten. Denn die Grenzen die Sie ihm setzen, machen sich bei ihm sehr wohl bemerkbar.

Immerhin sind Dualseelen die klarsten Spiegel die man sich nur vorstellen kann, füreinander.

Was sehr oft im Dualseelen-Prozess gelernt werden muss, ist:

- ♥ Selbstliebe
- ♥ Selbstwert
- ♥ Selbstvertrauen
- ♥ massive Verlustängste zu überwinden, die oft viele Jahre lang durchs Leben geschleppt werden
- ♥ Grenzen zu setzen und bei SICH zu bleiben – sich nicht mehr zu verbiegen
- ♥ Emotionales Loslassen muss gelernt werden
- ♥ Emotionale Bedürftigkeit muss abgelegt werden
- ♥ Annehmen und akzeptieren der Dualseelen-Situation muss gelernt werden
- ♥ Innere Mängel selber auszugleichen – Mangel-Denken abzulegen
- ♥ Bedürftige Erwartungen abzulegen
- ♥ Konsequent auf seine Intuition zu hören
- ♥ Seinem Ur-Instinkt wieder zu vertrauen
- ♥ Die Selbstwahrnehmung zu schärfen
- ♥ Negative Glaubenssätze zu löschen
- ♥ Sich aus falschen Konditionierungen zu befreien
- ♥ Innere Blockaden und Erfolgsbremsen zu lösen
- ♥ Ängste und (Selbst-) Zweifel abzulegen
- ♥ Falsche Schuldgefühle abzubauen
- ♥ Seine wahre Ur-Weiblichkeit als Frau wahrzunehmen, zu spüren und zu leben
- ♥ Seine wahre Ur-Männlichkeit als Mann wieder oder überhaupt zu entdecken und zu leben
- ♥ (Selbst-) Kontrolle Loszulassen um sich fallen zu lassen und sich hingeben zu können
- ♥ Bedingungslose Liebe zu lernen und einfach nur IN Liebe zu SEIN - LIEBE zu SEIN

8. Warum Frauen um Liebe „betteln" und Männer die Flucht ergreifen

8.1. da ist zum einen die emotionale ‚Bedürftigkeit' - das ‚Bettelgewand' sensibler Liebe

Viele sensible Menschen wundern sich oder sind gar frustriert darüber, warum sie wie in einer Endlosschleife immer wieder Kummer und Leid ertragen müssen. Während andere scheinbar mühelos das Leben in all seiner Vielfalt genießen. Und immer nur Glück in ihrem Leben und in der Liebe haben.

Dafür gibt es eine ganz einfache Erklärung. Diese Menschen haben all ihre inneren Antennen auf ‚Empfang' gerichtet.

Wer für etwas oder für jemanden kämpft bzw. „bettelt", ist auf Mangel und Bedürftigkeit eingestellt. Erst wenn wir es schaffen, aus unserer Bedürftigkeit herauszukommen, versetzen wir uns selbst in die Lage, unsere gesamten sensiblen Sinne auf ‚Empfang' zu stellen.

Jeder hat etwas das ihn antreibt. Vor allem die hochsensiblen und emotional sensiblen Menschen. Für den einen ist es die Liebe, für den anderen sind es ganz andere Dinge.

Unsere sensible Seele möchte Erfahrungen sammeln. Um zu wachsen und sich weiterentwickeln zu können.

Oft sind gerade wir sensiblen Menschen aus reinem Selbstschutz auf innere Abwehr eingestellt. Und ziehen genau so automatisch den Mangel in unser Leben.

Eigentlich ist das ein Paradoxon. Denn obwohl wir das Leben und die Liebe ‚empfangen' möchten und die Fülle und das Glück anstreben, hindern wir uns selber daran. Indem wir nämlich gleichzeitig dafür kämpfen. Und so die Energie blockieren. Die dann nicht mehr frei fließen kann. Wir wollen zwar die Liebe und das Glück, tun aber gleichzeitig alles dafür, dass genau das nicht wirklich bei uns ankommen kann.

Erst wenn wir es schaffen das Gewand des bedürftigen „Bettlers" abzustreifen und wieder auf unser höheres Selbst und unsere Intuition hören, können wir unser sensibles Sein genießen. Denn dann sind wir im „Haben" angekommen. Dann sind wir auf „Empfang" und somit auf Fülle eingestellt. Und wir können uns selber unsere seelischen Verletzungen heilen. Was ja gerade bei hochsensiblen und emotional sensiblen Menschen ganz enorm wichtig ist. Und weil wir das sehr oft alleine nicht können, tritt dann unsere Dualseele in unser Leben.

Um uns dabei zu unterstützen wieder zu uns selbst zu finden. Vor allem wenn wir unser Selbst schon viel zu sehr aus den Augen verloren haben. Und überhaupt nicht mehr bei uns sind. Und absolut nicht auf unser seelisches, körperliches und geistiges Wohlbefinden und unser inneres Gleichgewicht achten.

Wer wahre Liebe zurückhält fühlt Schmerz. Denn die Liebe möchte gelebt und gefühlt werden.

Oft nehmen wir wahre Liebe nicht an, sondern kämpfen dagegen. Obwohl wir die Liebe wollen. Und obwohl wir den anderen ebenso sehr lieben wie er uns.

Es kann sein, dass die Intensität und Tiefe dieser Liebe uns Angst macht. Wenn wir es nicht gewöhnt sind, in dieser Art und Weise zu lieben. Und einen anderen Menschen so sehr zu begehren. Dann ziehen wir uns lieber zurück und verweigern uns diesen Gefühlen. Weil wir nicht damit umgehen können. Das bedeutet aber gleichzeitig auch, dass wir nicht auf inneren ‚Empfang' eingestellt sind.

Auch kann es sein, dass wir uns in das bedürftige Gewand des „Bettlers" hüllen.

Und Liebe geben...und geben...und geben...aber nicht das zurückbekommen, was wir uns vom anderen ERWARTEN und ERHOFFEN.

Andererseits geben wir oft so viel, dass wir überhaupt nicht merken, dass wir die ganze Zeit schon Liebe zurückbekommen. Weil wir uns ZU sehr auf das konzentrieren, was wir NICHT haben. Also was uns FEHLT. Und so können wir überhaupt nicht SEHEN, was wir eigentlich schon HABEN. Und vom anderen BEKOMMEN.

Wir werfen dem anderen vor, dass er uns nicht genügend gibt und dass er sich unserer Liebe verweigert. Nur weil wir damit beschäftigt sind, um Liebe zu kämpfen.

Somit FORDERN wir eigentlich nur ein. Derweil sind WIR selbst es, die die Liebe des anderen nicht annehmen!

Weil wir so sehr auf ‚geben' und „betteln" eingestellt und fixiert sind anstatt zu ‚empfangen', dass wir überhaupt nicht SEHEN, wie sehr wir eigentlich vom anderen geliebt werden.

Denn in unserem ‚Bettelgewand' wollen wir die Liebe KONTROLLIEREN, anstatt sie einfach frei fließen zu lassen! Wir sind nicht in der Lage einfach gar NICHTS zu tun. Außer die Liebe die zu uns fließt anzunehmen.

Oder wir machen andersherum den Fehler und verweigern uns selbst auch dieser Liebe. Wir nehmen zwar wahr, dass der andere permanent um uns kämpft und um unsere Liebe „bettelt", aber wir nehmen es hin. In diesem Falle sind es die Kopfmenschen, die „ihrem" Herzensmenschen dabei zusehen, wie diese um sie kämpfen. Wie sie um diese Liebe regelrecht „betteln". Und lassen sie dabei einfach machen. Gleichzeitig spiegeln sie deren Verhalten aber so dermaßen intensiv, dass die Herzensmenschen gezwungen sind, an sich zu arbeiten. Und sich selbst zu verändern.

Wir schauen dem anderen dabei zu und beobachten. Weil wir selbst auch nicht auf ‚Empfang' eingestellt sind.

Und das gilt sowohl für sensible Frauen als auch für sensible Männer.

Denn es sind nicht immer nur Frauen, die um Liebe „betteln". Auch wenn das gerne so dargestellt wird.

Es gibt sehr wohl auch Männer, die darum „betteln" geliebt und gewollt zu werden. Die die Frau ihres Herzens NICHT gelassen in sich ruhend, sanft, liebevoll, zärtlich und subtil umwerben und erobern, wie es normalerweise der Fall sein sollte, sondern die verzweifelt um eine bestimmte Frau „kämpfen", wenn sie deutlich spüren, dass sie nicht zurückgeliebt werden. In diesem Fall sind das die männlichen Herzensmenschen, die um die Liebe der weiblichen „flüchtenden" Kopfmenschen „betteln".

Was aber auch nicht Sinn der Sache ist.

Denn ein verzweifelt kämpfender Mann im ‚Bettelgewand' wirkt alles andere als männlich und stark. Und wenn dieser Mann sensibel – gleich welcher Form – ist, verstärkt das diesen Eindruck dann noch.

Wenn der Mann sich in der weiblichen ‚empfangenden' Rolle befindet und die Frau sich in der ‚gebenden' und kämpfenden männlichen, dann sind ganz gewaltig die Rollen vertauscht. Dann KÖNNEN wir in der Liebe nicht glücklich sein. Weil wir immer etwas vermissen. Wir wissen zwar nicht genau was uns eigentlich so sehr fehlt, aber wir spüren es sehr deutlich.

Wenn wir nicht auf inneren ‚Empfang' gestellt sind, haben wir permanent das Gefühl, geben und geben und geben zu müssen. Wir „kämpfen" und sind ständig in unser ‚Bettelgewand' eingehüllt. Somit zeigt sich sehr deutlich ein inneres Mangel-Denken und eine tiefe Sehnsucht nach bedingungsloser und wahrer Liebe. Weil wir einfach so angenommen werden wollen, wie wir sind.

Wir kämpfen ständig vermeintlich FÜR etwas und merken dabei gar nicht, dass wir eigentlich gleichzeitig GEGEN etwas kämpfen.

Wir kämpfen in unserem ‚Bettelgewand' eigentlich für die Liebe.

Gleichzeitig verhindern wir mit unserem „Kampf", dass die Liebe wirklich bei uns ankommt. Wir halten uns selber davon ab, dass die Liebe frei fließen kann. Um sie somit in vollen Zügen genießen zu können.

Sensible Menschen sind ja voller Träume, Visionen, Wünsche, Sehnsüchte und Hoffnungen.

Woran an sich überhaupt nichts falsches ist. Wenn wir aus den „richtigen" Beweggründen denken, fühlen und handeln.

Typische Fallen wenn wir mit unseren sensiblen Sinnen NICHT auf Empfang eingestellt sind, können sein:

1. Frustriertes abwenden

Wenn beispielsweise davon die Rede ist einen Menschen – und insbesondere unsere Dualseele - „Loszulassen", bedeutet das einzig und alleine ein EMOTIONALES "Loslassen".

Ein „Loslassen" all unserer Ansprüche, Erwartungen und Bedingungen, die wir an diesen Menschen haben.

- ♥ Es bedeutet, uns nicht emotional abhängig von diesem Menschen zu machen.
- ♥ Es bedeutet, dass wir diesen Menschen nicht zum alleinigen Mittelpunkt und Glückspfeiler unseres Lebens erkoren haben. Sondern unser Glück in erster Linie aus uns selbst beziehen.
- ♥ Es bedeutet, den Menschen an SICH zu lieben. Und NICHT die Idee und die Vorstellung, die wir uns von diesem Menschen die ganze Zeit machen!

Gerade in Bezug auf das ‚Loslassen' gibt es immer wieder sehr grobe Missverständnisse. Weil viele der Meinung sind, dass „Loslassen" bedeutet, diesen Menschen fallen zu lassen und sich abzuwenden. Oder sich gar zu trennen. Und das ist ein fataler Denkfehler!

2. Auch harren viele Menschen einfach (oft in ungesunden Beziehungen) aus

Und ‚AUSHARREN' ist weder bedingungslose und wahre Liebe, noch sind wir so in der Lage, die Liebe wirklich zu empfangen.

‚Ausharren' deutet auf gravierende seelische bzw. emotionale Mangelzustände hin. Denn wir würden dann lediglich ‚bangen' und ‚warten' und ‚hoffen'.

Das ist weder ein ‚akzeptieren' und ‚annehmen', noch ist es ein vertrauensvolles „frei" lassen des anderen.

Viele Menschen machen den Fehler und suchen ihr Glück im Außen, statt in ihrem eigenen Inneren.

Sie bürden den Menschen an ihrer Seite und in ihrem Leben die Verantwortung auf, für ihr Glück verantwortlich zu sein. Anstatt selbst dafür zu sorgen, dass sie glücklich sind. Und sensible Menschen zerreissen sich oft sprichwörtlich dafür, um sich ihr Quentchen Glück zu erobern. Bis zur Erschöpfung kämpfen sie dann dafür.

Wenn wir uns von dem aktuellen Menschen in unserem Leben und erst recht von unserer Dualseele einfach nur frustriert abwenden oder uns gar von ihm trennen, nur weil er vielleicht nicht immer so tickt wie wir selbst das gerne hätten, haben wir das „Loslassen" gründlich missverstanden.

Denn wahre Liebe bedeutet, den anderen TROTZDEM zu lieben. Auch wenn er uns unsere eigenen Erwartungen, Bedürfnisse, Sehnsüchte, Wünsche oder Ansprüche die wir an ihn haben nicht immer erfüllen will. Oder es ganz einfach aus irgendwelchen Gründen überhaupt nicht kann.

Was bei sensiblen Menschen besonders sorgsam und achtsam beachtet werden sollte.

Indem wir uns einfach nur frustriert abwenden, würden wir alles noch viel schlimmer machen. Denn das würde die massive Angst des Kopfmenschen ja bestätigen. Nämlich, dass wir überhaupt nicht in der Lage sind, WIRKLICH zu lieben. Und diese Liebe WIRKLICH auszuhalten!

3. In Wartestellung verharren und hoffen

Während wir unser ‚Bettelgewand' der Bedürftigkeit immer noch tragen, sitzen wir oft in der tiefen Falle des Wartens. Wir warten und warten und warten. Und das oft vergeblich. Wir warten darauf, dass unsere Dualseele sich meldet oder wir warten darauf, dass er zu uns kommt. Auch warten wir oft darauf, dass unser Dual sich ändern möge. Vor allem wenn wir noch mitten in unserer emotionalen ‚Bedürftigkeit' stecken.

Wir verbrauchen dabei unsere überaus wertvolle Lebenszeit, indem wir meist vergeblich auf unser Dual ‚warten'. Und somit sind wir nicht wirklich frei innerlich. Denn so machen wir uns abhängig von der Hoffnung.

Vor lauter Warten vergessen wir auch, dass das Leben immer weitergeht. Die Zeit bleibt nicht stehen.

Viele Menschen warten vergeblich auf ihr „großes" Glück, während sie übersehen dass das wahre Glück schon längst da ist. Und sich direkt vor ihren Augen befindet.

Vor allem die Kopfmenschen befinden sich gerne in dieser Denk-Falle.

Da sie ja meinen, sie könnten uns Herzensmenschen ‚haben' ohne dass sie ihr Herz voll und ganz für uns öffnen müssten. Lieber ertragen sie es, uns nicht zu oft zu sehen. Und die Beziehung mit uns nicht zu tief und intensiv – und schon gar nicht offiziell - werden zu lassen. Nur um sich nicht vollkommen dieser wundervollen und einmaligen Seelenliebe wahrhaftig hingeben zu müssen.

Denn sein Herz vollkommen zu öffnen, würde ja bedeuten, dass er diese Liebe absolut ZULASSEN muss. Was unser Dual ja noch überhaupt nicht kann, solange er dermaßen in seinen Ängsten gefangen ist.

Wir haben Ansprüche, Erwartungen und Wünsche. Wir wollen haben und haben und haben. Und kämpfen auch permanent genau dafür. Gleichzeitig erfahren wir aber immer wieder Kummer und Leid. Und finden aus alten seelischen Verletzungen nicht mehr heraus. Und zwar deshalb nicht, weil wir uns komplett auf das falsche fixieren und konzentrieren.

Wir konzentrieren uns so sehr auf unsere seelischen Verletzungen und Enttäuschungen der Vergangenheit - und das Leid dass uns damit verbindet - und SEHEN dabei nicht, dass wir eigentlich schon längst mit dem „richtigen" Menschen überglücklich sein könnten. Wir sind in eine weitere Falle – nämlich die „Unglücklichkeits- und Leidensfalle" getappt. Aus der wir aus eigenem Antrieb oft jahrelang nicht mehr herausfinden. Und somit bis zum Hals im eigenen Unglück waten.

Was besonders bei emotional sensiblen Männern zu beobachten ist, die gravierende seelische Verletzungen erlitten haben. Und was auch auf unsere Duale – die Kopfmenschen – punktgenau zutrifft.

Wer immer nur wartet und hofft, versäumt das wahre Leben und das wahre (Liebes-) Glück. Weil er so immer auf Mangel eingestellt ist. Die Energie ist blockiert und kann nicht frei fließen. Es kann sich absolut keine Fülle und somit Erfüllung einstellen.

Auch das Warten darauf, dass eine Situation sich von selber ändert, dass ein Gefühl massiver Angst sich von selbst auflöst oder dass Kummer wie aus dem Nichts verschwindet, kann verheerend für das Erleben und Empfinden von wirklichem Glück sein.

4. Kämpfen und „betteln"

Wir sind beispielsweise in einer Beziehung oder Partnerschaft „gefangen", in der wir emotional am ausgestreckten Arm des Partners oder der Partnerin verhungern. Und aus irgendwelchen Gründen können wir uns daraus nicht befreien. Oder wir schaffen es aus den falschen Beweggründen nicht, uns endgültig zu trennen. Meist passiert das aus einer gravierenden Angst heraus. Entweder es packt uns die Angst vor einem eventuellen „alleine sein" oder wir haben Angst vor einer Veränderung unseres Lebens. Leider sind sensible Menschen die noch das ‚Bettelgewand' der Bedürftigkeit übergestreift haben, oft sehr dafür prädestiniert, sich von einem Partner emotional abhängig zu machen.

Weil hochsensible und emotional sensible Menschen sehr darauf „angewiesen" sind, sich geliebt, gewollt und gebraucht zu fühlen. Vor allem, wenn sie ihre sensiblen Sinne noch nicht auf ‚Empfang' gestellt haben.

Um uns nicht mit dieser Angst in einer unglücklichen Beziehung oder Partnerschaft beschäftigen und auseinandersetzen zu müssen, kämpfen und „betteln" wir lieber immer weiter darum, vom anderen wahre Liebe, Verständnis und Geduld zu bekommen.

Es wird aber nicht passieren, dass der andere uns deswegen mehr liebt. Oder gar liebevoller und geduldiger zu uns ist!

Weil wir selbst uns in diese Falle des ‚emotionen verhungerns' manövriert haben. Weil wir aufgrund unserer Ausstrahlung eines Mangels – dem ‚Bettelgewand' der Liebe - genau diesen Menschen in unser Leben „gelockt" haben. Es ist unsere eigene Verantwortung! Auch wenn wir das bewusst gar nicht sehen. Wir können noch so sehr für diese Liebe kämpfen.

Es wird sich nichts ändern. Dieser Mensch wird sich nicht

ändern!

Erst wenn wir auf einen Menschen in unserem Leben treffen den wir bedingungslos und wahr lieben...dürfen. Und der uns ebenfalls absolut wahr und bedingungslos liebt.

Und dem wir grenzenlos vertrauen können. Bei dem wir uns geborgen, sicher und zu Hause fühlen. Der uns jederzeit emotional auffängt, hält und trägt und uns genauso sein lässt wie wir sind. Bei dem wir ganz in unserer ursprünglichen Rolle sein DÜRFEN. Der uns dabei unterstützt, dass wir uns weiterentwickeln. Der uns Raum lässt zum atmen. Der uns inspiriert.

Erst dann kommen wir in die Lage vertrauensvoll zu ‚empfangen'. Und das wahre Glück und die wahre Liebe in unser Leben zu lassen. Wenn wir es schaffen, mit genau diesem Menschen unsere Rollen wieder umzukehren. Weil wir bei diesem Menschen ganz wir selber sein DÜRFEN.

Erst dann kommen wir vom Mangel in die Fülle. Und können unser ‚Bettelgewand' der Bedürftigkeit ablegen. Wenn wir wirklich VERSTANDEN haben, dass wir für unser Glück selber verantwortlich sind. Dass der andere eine Bereicherung für uns und unser Leben darstellt. Aber nicht der Ursprungsquell unseres Glücks ist.

Um diesen Menschen müssen wir nicht mehr kämpfen und um seine Liebe „betteln". Weil uns dieser Mensch längst bedingungslos und tief liebt. Er ist die ganze Zeit schon für uns da. Nur SEHEN wir das leider allzu oft nicht.

Und dieser Mensch ist unsere über alles geliebte Dualseele!

Nur wenn wir es schaffen unser ‚Bettelgewand' der Bedürftigkeit und unserer unerfüllten Sehnsüchte abzustreifen, können wir das Leben in all seiner Vielfalt und Schönheit ‚empfangen' und genießen.

Und die Liebe und das Glück kann ohne jegliche Blockade frei fließen.

Sobald die Energie fließen kann, ziehen wir nur Fülle in unser Leben.

Der Mangel und die innere Bedürftigkeit verschwinden so auf Nimmer-Wiedersehen. Und wir tappen auch in keine der obigen Fallen mehr.

Die sensible und intuitive Dualseelen-Liebe ist die wundervollste Liebe der Welt.

Und sensible Menschen können sowieso von Grund auf in einer solchen Tiefe und Intensität lieben, dass sich der Mensch der in diese Liebe eingehüllt ist, als wahrhaft glücklich bezeichnen kann. Vorausgesetzt er ist in der Lage sich dieser Liebe zu öffnen, und diese Liebe wirklich zu ‚empfangen'.

8.2. zum anderen spielen Männer und Frauen oft „verdrehte Welt". Und die Rollen in der Beziehung sind vertauscht.

1. Die kraftvolle Weiblichkeit und ‚neue' Männlichkeit

Spüren Sie Ihre kraftvolle Weiblichkeit? Sind Sie schon ganz bei sich angekommen? Oder befinden Sie sich mit Ihrer Dualseele noch mitten auf der Reise dahin?

Dieser Weg zu Ihrer ursprünglichen kraftvollen Weiblichkeit ist absolut spannend, faszinierend und abenteuerlich. Und letztendlich auch sehr lehrreich. Denn auf diesem Weg erfahren Sie allerhand über sich selbst. Über Ihre alten, erlernten Verhaltens- und Denkmuster. Über Ihr Seelenleben und über Ihre Gefühle. Sie begreifen und verstehen nun erst so richtig, warum Sie sich in bestimmten Dingen bisher so und nicht anders verhalten haben. Obwohl Sie es unterschwellig vielleicht sehr wohl gespürt haben. Aber Sie konnten es nicht greifen. Weil es ein verschwommenes, diffuses Gefühl in Ihnen war. Sie haben irgendwo in sich zwar gespürt dass irgendetwas nicht richtig ist, konnten es aber nicht definieren.

Vielleicht ertappen Sie sich selbst immer wieder dabei, dass Sie eigentlich gar nicht wirklich in Ihrer vollen ursprünglichen Weiblichkeit sind. Sondern dass Sie sich eigentlich männlich verhalten.

Kämpfen Sie als Frau noch um die Liebe und Aufmerksamkeit Ihrer Dualseele?

Oder sind Sie auf Ihrem Dualseelen-Weg bereits so weit fortgeschritten, dass Sie wieder gelassen und entspannt in Ihrer U-Weiblichkeit ruhen?

Gehören Sie wieder zu den Frauen, die sich liebend gerne von Ihrem Dual erobern und umwerben lassen und selber passiv sind? Dann sind Sie in Ihrer kraftvollen Ur-Weiblichkeit angekommen.

Wenn Sie ‚noch' aktiv um die Liebe Ihres Duals „betteln" (müssen) – stecken Sie noch in alten Verhaltensmustern fest. Das lässt sich aber jederzeit ändern!

Für die Männer gilt andersherum dasselbe.

Fühlen Sie sich als ‚echter' Mann? Sind Sie ganz in Ihrer männlichen Rolle? Sind Sie derjenige der die Frau – Ihr weibliches Dual - erobert? Der um ihre Aufmerksamkeit und Liebe kämpft? Der sich um sie bemüht?

Oder gefallen Sie sich in Ihrer Rolle des von der Frau „gejagten" Mannes?

Sehen Sie von Ihrem „Thron" aus einfach nur zu, wie Ihr weibliches Dual sich abmüht, Sie zu bekommen? Und weisen Sie sie dabei immer wieder von sich? Halten sie auf Abstand? Lassen sie nicht zu nahe an sich heran? Weil Sie vielleicht massive Ängste in sich tragen? Angst die Kontrolle über Ihre Gefühle zu verlieren, wenn Sie sich zu sehr auf diese bestimmte Frau einlassen? Angst noch einmal enttäuscht oder verletzt zu werden? Angst die Liebe dieser Frau wirklich anzunehmen, zuzulassen und auszuhalten? Angst Ihre eigenen Gefühle zu spüren? Weil diese Gefühle für Sie vielleicht ungewohnt intensiv und stark sind? Angst sich vollkommen hinzugeben und sich in diese wundervolle Liebe einfach nur fallen zu lassen?

Sehr oft kommt es vor, dass die Rollen des Verhaltens von Männern und Frauen total vertauscht und somit verkehrt sind. Die Frauen buhlen regelrecht um die Aufmerksamkeit und Liebe eines Mannes. Weil sie es nicht anders kennen. Von klein auf mussten sie um genau dieses kämpfen. Weil sie von ihrem Vater nicht die Zuneigung und den Halt bekommen haben, den sie so dringend für eine gesunde Entwicklung ihrer Seele gebraucht hätten. Sie sind es deshalb nämlich gar nicht gewöhnt, dass ein Mann sich um sie bemüht.

Dass ein Mann ihnen von sich aus Liebe und Aufmerksamkeit schenkt. Dass der Mann sie trägt und hält – ihre emotionalen Schwankungen aus-hält. Und zwar ohne die Frau zu bewerten und ohne ein böses Wort an sie zu verlieren. Ohne über sie zu urteilen und ohne ihr Schuldgefühle einzureden dafür, dass sie so ist wie sie ist.

Indem er sie einfach genauso annimmt, akzeptiert und sein lässt wie sie nun einmal ist.

Natürlich setzt das voraus, dass die Frau umgekehrt den Mann genauso sein lässt, wie er ist. Nämlich ganz Mann zu sein, in seiner männlichen Rolle. Eine Frau die voll in ihrer kraftvollen Ur-Weiblichkeit ist, beschneidet ihn nicht seiner Männlichkeit. Indem sie ihn beispielsweise mit anderen Männern vergleicht. Und ihm so einzureden versucht, dass er nicht gut genug ist, so wie er ist.

Das gilt insbesondere für sensible Männer. Denn gerade sensible Männer brauchen es ungemein, von einer Frau bewundert zu werden. Für ihre Männlichkeit und für ihre Fürsorge der Frau gegenüber.

Wenn eine Frau immer nur an einem Mann herummeckert, ihn klein macht, ihm suggeriert dass er nicht gut genug ist, dass andere Männer angeblich ‚besser' seien als er, wenn sie ihn ständig kritisiert und verändern will, oder wenn sie gar ständig über ihn bestimmen will, oder ihm Schuldgefühle einredet, dann ist es eigentlich nur logisch, dass der Mann sich in sich selbst zurückzieht. Und irgendwann sogar aufgibt.

Denn er kann ja machen was er will, niemals ist er gut genug für eine Frau die es nicht schafft, ganz in ihrer ur-weiblichen Rolle als Frau zu sein. Die sich somit passiv verhält und den Mann aktiv sein lässt.

Was im übrigen NICHT heißt, dass die Frau sich bedingungslos unterordnen soll. Und sich alles von ihm gefallen lässt. Und dass sie nur noch das machen soll, was der Mann vorgibt.

Nein! Denn das wäre ja dann keine wirkliche Liebe. Das wäre dann ein reines Machtspiel. Und wiederum emotionale Abhängigkeit. Und das ist in keinem Fall der Sinn einer wahren Liebe.

Das hätte dann mit dem Urprinzip der kraftvollen Ur-Weiblichkeit und wahrhaftigen Ur-Männlichkeit herzlich wenig zu tun.

Wahre und bedingungslose Liebe IST einfach nur.

Diese Liebe verlangt nicht. Sie setzt niemanden unter Druck, sie zwingt nicht. Diese wahre und tiefe Liebe lässt beide so sein wie sie sind. In ihrer jeweiligen Rolle.

Bedingungslose Liebe heißt im übrigen nicht, dass wir überhaupt keine Bedingungen stellen dürfen, an den Menschen den wir lieben. Sondern – bedingungslose Liebe bedeutet, den anderen TROTZDEM zu lieben, auch wenn er aus unterschiedlichen Gründen nicht jede Bedingung oder Erwartung die wir an ihn haben, erfüllen kann. Auch wenn wir wahre und tiefe Liebe empfinden, haben wir immer noch unseren freien Willen.

Wir treffen ganz bewusste Enscheidungen. Wir haben unsere ureigenen Bedürfnisse. Wahre Liebe zu empfinden heißt nicht, keine Träume und Wünsche mehr zu haben, die wir uns in Bezug auf den Menschen den wir lieben, erfüllen möchten. Wahre Liebe bedeutet nicht, keine Bedürfnisse oder Sehnsüchte mehr zu haben, die wir von dem Menschen unseres Herzens erfüllt haben möchten. Die wir uns sogar erfüllen MÜSSEN. Weil sie aus unserem tiefsten Inneren kommen. Und weil wir sonst zutiefst unglücklich werden in unserem Leben.

Alles was aus unserem Herzen kommt ist richtig!

Einerseits wird immer gesagt wahre und bedingungslose Liebe IST einfach nur. Man selbst IST diese Liebe. Das ist meiner Meinung nach aber nur bedingt richtig. Meiner Meinung nach ist es Unsinn, aus wahrhaftiger und reiner Liebe heraus absolut nichts mehr zu WOLLEN.

Natürlich ‚wollen' wir. Sonst würden wir ja nicht so tief und rein lieben.

Selbst wenn wir uns selbst wahrhaftig und tief lieben, haben wir trotzdem immer noch irgendetwas, was wir ‚WOLLEN'.

Selbstliebe heißt ja nichts anderes, als mit uns selbst achtsam und respektvoll umzugehen. Liebevoll und fürsorglich für uns selbst zu sorgen. Auf uns zu achten. Auf uns selbst Rücksicht zu nehmen. Uns unsere ur-eigenen Bedürfnisse zu ERFÜLLEN!

Und genau deshalb ist es vollkommen normal, eben doch etwas oder jemanden – in diesem Fall unser Dual – zu ‚WOLLEN'.

Es ist nur ein riesengroßer Unterschied, ob wir aus einer emotionalen ‚Bedürftigkeit' – also einem inneren Mangel heraus etwas oder jemanden ‚haben wollen', oder einfach aus tiefer, reiner und allumfassenden Seins-Liebe heraus.

Eben weil unser Dual uns so unendlich BEREICHERT. Und alles was uns bereichert und erfüllt, ‚wollen' wir natürlich ‚haben'.

Wahre Liebe zu empfinden und zu empfangen, ist ein unfassbar kostbares Geschenk vom Leben. Dass wir in jedem Fall sehr achtsam und sorgsam behandeln sollten.

Mit einer „normalen" Liebe ist die Seelenliebe absolut NICHT vergleichbar. Es ist etwas vollkommen anderes. Alles bisher dagewesene an Gefühlen wird plötzlich in Frage gestellt.

Wenn wir tiefe, intensive, wahre, allumfassende und bedingungslose Liebe für unseren Seelenpartner bzw. unser Dual empfinden, befinden wir uns auf einem völlig anderen ‚Gefühls-Level'. Als wenn wir „nur normal" mit unserem Herzen einen anderen Menschen lieben.

Jeder Mensch trägt gewisse Energien in sich. Der Mann – unser männliches Dual - ist für die Regulierung seines eigenen Energiehaushaltes selber verantwortlich.

Es ist aber seine Aufgabe als ‚echter' Mann, uns als Frauen die überquellende Energie abzunehmen.

Die Frau zu tragen und zu halten, sie zu beschützen und ihr emotionale Sicherheit und Geborgenheit zu schenken, wenn sie emotionalen Schwankungen unterworfen ist. Es ist seine Aufgabe als ‚echter' Mann, ganz in seiner Männlichkeit zu ruhen und sich aktiv um die Frau zu bemühen.

Die Rolle der Frau in ihrer Ur-Weiblichkeit ist es, sich bei einem Mann fallen lassen zu können. Passiv zu sein und dem Mann zu vertrauen. Und es ihm vor allem zuzutrauen, ein ganzer Mann zu sein. Ihm zu vertrauen, dass er ihr die überquellende Energie abnimmt, so dass sich in ihr diese Energie immer wieder erneuern kann. Im zu vertrauen, dass er sie jederzeit in ihrer Emotionalität gelassen und entspannt auffängt, sie hält und trägt. Dass er sie beschützt. Und sie genauso annimmt und sein lässt, wie sie ist.

Wenn Sie als Frau in ihrem bisherigen Leben immer nur die „Jägerin" und „Kämpferin" waren, haben Sie den aktiven männlichen Part in der Liebe übernommen.

Vielleicht kennen Sie das von sich, dass Sie immer den unnahbaren Männern hinterhergejagt sind. Die Sie nie wirklich bekommen haben. Selbst wenn Sie eine ‚Beziehung' mit einem solchen Mann geführt haben, konnten sie ihn emotional nicht wirklich erreichen. Und die Männer, die hinter Ihnen hergelaufen sind, fanden Sie langweilig. Die wollten SIE wiederum nicht haben. Weil die Sie nicht interessiert haben.

Wissen Sie warum das so war? Weil Sie in der männlichen Rolle waren.

Und als „gefühlter" Mann haben Sie sich natürlich nicht für die Männer interessiert, die hinter Ihnen her waren. Obwohl Sie die ja jederzeit bekommen hätten. Aber genau die wollten Sie nicht. Stimmt`s?

Genauso verhält es sich bei den Männern.

Wenn ein Mann ganz in seiner Ur-Männlichkeit ist und spürt dass Sie als Frau ebenfalls in der männlichen – nämlich der erobernden und kämpfenden Rolle sind – will er Sie nicht als Frau an seiner Seite haben. Obwohl Sie rein äußerlich gesehen sehr wohl eine Frau sind.

Er will aber eine Frau die passiv ist und sich ganz in ihrer weiblichen Rolle befindet. Weil er sich nur dann als ‚ganzer' Mann fühlt und sieht. Er will ja keinen „Mann", der ihm hinterherjagt! Und er will auch keinem gefühlten „Mann" hinterherjagen und diesen erobern.

Was heißt das also im Umkehrschluss?

Seien Sie als Frau ab sofort passiv Ihrem Dual gegenüber! Halten Sie sich zurück!

Lassen Sie den Mann den Sie so sehr wollen, ganz in seiner Ur-Männlichkeit aufgehen.

Lassen Sie es ab sofort zu dass er Sie erobert. Dass er um Sie kämpft.

Und wenn er Sie wirklich und wahrhaftig liebt, dann wird er auch um Sie kämpfen. Selbst wenn Sie sich zurückziehen. Beziehungsweise gerade dann!

Selbst wenn das etwas Zeit brauchen sollte bis er sich „bewegt". Ihr Dual muss ja auch erst einmal lernen, wieder in seine Ursprungsrolle zurückzufinden. Was ihm vielleicht nicht immer leicht fällt.

Da er ja überhaupt nicht daran gewöhnt ist, sich wie ein ganzer Mann verhalten zu DÜRFEN. Und die Frau seines Herzens mit einem Mal erobern und umwerben zu DÜRFEN.

Lassen Sie dem Mann Ihres Herzens – Ihrem Dual - seinen männlichen Stolz. Lassen Sie ihm seine Selbstachtung! Ein echter Mann LIEBT das Gefühl, eine Frau erobern zu DÜRFEN.

Und vor allem: ‚Betteln' Sie nicht mehr um seine Liebe! Erniedrigen Sie sich nicht selber! Zeigen Sie weibliche Selbstachtung und Stolz!

Nehmen Sie den Mann Ihres Herzens ganz genauso an, wie er ist. Zeigen Sie ihm passiv Ihre Liebe!

Und Sie als Mann – seien Sie aktiv!

Kommen Sie herunter von Ihrem ‚Thron' heraus aus Ihrer reinen „Beobachterposition".

Und bemühen Sie sich um die Dame Ihres Herzens. Zeigen Sie ihr Ihre Liebe! Zeigen Sie ihr, wie sich wahre Liebe WIRKLICH anfühlt. Sie DÜRFEN ganz Mann sein! Und Sie sollen es auch sein. Denn genau das ist es, was die Frauen gerade von ihrem männlichen Dual wollen.

Einen echten Kerl! Einen ganzen Mann. Der die Frau jederzeit emotional auffängt, trägt, ihr Halt gibt und der sie beschützt. Der ihre

Liebe wirklich annimmt und sie aushält. Einen Mann der sich sanft, gelassen und entspannt ganz in seiner Männlichkeit befindet.

Denn das macht Sie mehr als begehrenswert als Mann!

Und wenn sich die Frau Ihres Herzens wieder vollkommen ihrer wahren kraftvollen Weiblichkeit bewusst sein kann, spüren auch SIE als Mann wieder Ihre ganze kraftvolle und naturgegebene Männlichkeit!

Was Ihnen beiden für die Liebe zugute kommt.

Also – wachen Sie auf...! Es wird Zeit! Rücken Sie Ihre Rollen wieder gerade!

Leben Sie das Urprinzip Ihrer Weiblichkeit als Frau. Und Ihre wahre Männlichkeit als Mann. Und sie werden merken, wie kraftvoll sich das anfühlt. Sie werden spüren, wie sich Ihr gegenseitiges miteinander verändert. Und somit deutlich verbessert.

Was Ihre alten Denk- und Verhaltensmuster betrifft – daran können Sie arbeiten. Denn – was Sie sich einmal angelernt und angewöhnt haben, das können Sie sich auch wieder abgewöhnen. Und Sie können umlernen. Dafür ist es niemals zu spät.

Ist das wahre Glück in der Liebe es nicht wert an sich zu arbeiten? Es nicht vom anderen zu erwarten, dass er sich ändert? Denn der andere ändert sich ganz automatisch, indem man sich selbst als erstes verändert.

Dass ist das Prinzip von Ursache und Wirkung.

Jedenfalls werden Sie in Ihren alten Denk- und Verhaltensmustern solange immer wieder in der Liebe auf die Nase fallen, bis Sie gelernt haben, sich zu verändern. Sie werden solange immer wieder auf sich selbst zurückgeworfen und zurückgewiesen von dem Menschen den Sie lieben – *selbst wenn dieser andere Mensch Sie ebenfalls bedingungslos liebt* - bis Sie die Ursache Ihres „Fehlverhaltens" wirklich begriffen haben und diese beseitigen.

Ihr Dual tut dies ganz automatisch und intuitiv. Nicht weil er Sie ärgern will! Einfach weil er irgendwie spürt, dass zwischen Ihrer beidem Verhalten ein Ungleichgewicht besteht!

Das kann sowohl die Frau sein als auch der Mann. Obwohl es meistens doch die Männer sind, die Ihre Gefühle verweigern und nicht zulassen wollen.

Die ihre Gefühle verdrängen und von sich schieben. Die im „sicheren" Modus ihrer ‚Verkopfung' leben und es nicht wirklich schaffen, nur auf ihr Herz zu hören. Obwohl sie es tief in sich eigentlich sehr wohl wollen. Denn sie wollen ja wahrhaftig und tief geliebt werden.

Aber die Ängste in ihnen haben noch die Oberhand. Und solange diese Ängste nicht besiegt werden, wird sich auch an der Tatsache nichts ändern, dass die Liebe zwischen den betroffenen beiden Menschen nicht wirklich frei fließen kann. Obwohl beide sich lieben. Und obwohl beide sich eigentlich wollen.

Und solange sich beide nicht in ihrer ursprünglichen und kraftvollen Weiblichkeit als Frau und Ur-Männlichkeit als Mann befinden, wird es auch immer wieder Rückzüge, Abweisung und Kummer und Leid geben.

Der Mensch der Höllenqualen leidet, ist immer derjenige Mensch, der zurückgewiesen und abgewiesen wird. Denn der, der zurückweist, lebt ja in seiner Sicherheitszone der ‚Verkopfung'. Und lässt richtig tiefe Gefühle erst gar nicht zu. Da er seine Gefühle kontrolliert und sich noch nicht vollkommen in seinem Herzen befindet.

Erst wenn auch dieser Mensch absolut in sein Herz findet, dann kann die wahre und tiefe Liebe zwischen beiden Dualen frei fließen. Erst dann kann das wirkliche Glück zwischen beiden einkehren. Und sich frei und unbelastet entwickeln.

Wenn sich die Frau in ihrer absolut kraftvollen ‚empfangenden' Weiblichkeit, und der Mann in seiner ‚gebenden' Männlichkeit befindet, kann eine wirkliche, für beide erfüllende, bereichernde und befriedigende Beziehung und Partnerschaft gelebt werden. Weil sich beide wieder in ihrer Ur-Energie befinden. Und somit im Gleichgewicht sind. Beide können sich nun gegenseitig (mit wahrer Liebe) nähren.

2. Kraftquelle Ur-Weiblichkeit

Viele Frauen möchten ja unbewusst ihre innere Kraftquelle der Ur-Weiblichkeit wiederentdecken. Und auch Männer warten insgeheim und unbewusst darauf, dass die Frauen wieder in ihre Kraft gebende Ur-Weiblichkeit zurückkehren. Und diese auch leben. Damit auch die Männer wieder in ihre ursprüngliche Kraft und Männlichkeit zurückfinden können.

Was sich natürlich gegenseitig bedingt.

Denn solange die Rollen vertauscht sind und die Frauen diejenigen sind die sich um einen Mann bemühen und um seine Aufmerksamkeit und Liebe kämpfen, können die Männer eine Frau nicht wirklich erobern.

Eine Frau die sich in ihrer Ur-Weiblichkeit befindet, würde niemals einen Mann ansprechen, um diesen kennenzulernen. Das einzige was sie tut, ist – sie setzt Signale. Sie kokettiert mit ihren weiblichen Reizen. Aber sie ist niemals die aktive. Sie macht zwar subtil auf sich aufmerksam, aber sie agiert nicht. Sondern sie reagiert lediglich auf das, was der Mann für sie tut. Entweder sie geht darauf ein wenn sie von ihm erobert werden möchte, oder sie weist ihn ab. Sie ist nicht diejenige die den Mann von sich aus anflirtet, sondern sie reagiert auf sein Verhalten ihr gegenüber.

Eine Frau die in ihrer Ur-Weiblichkeit gelassen ruht, hat es nicht nötig, einen Mann „aufzureißen". Oder wenn sie ihn schon länger kennt, um seine Liebe zu „betteln".

Im Gegenteil. Sie lässt ihn zu sich kommen.

Nicht indem sie auf ihn ‚wartet'. Denn dies ist ebenfalls aktives Handeln. Sondern indem sie gelassen bei sich bleibt und sich um sich selber kümmert.

Wenn der Mann WIRKLICH an ihr interessiert ist, wird er von sich aus zu ihr kommen. Und sich um sie bemühen.

Und ich meine jetzt nicht explizit beim Kennenlernen, sondern allgemein. Auch in einer beginnenden oder schon länger bestehenden Beziehung oder Partnerschaft.

Denn oft spüren beide zwar dass irgendetwas nicht ganz stimmig ist, dass irgendetwas fehlt, aber sie können es nicht definieren. Und somit auch nicht artikulieren.

Leider ist es ja so, dass den Frauen mittlerweile in unserer heutigen Zeit die kraftvolle Ur-Weiblichkeit regelrecht abtrainiert und aberkannt wurde. Eine Frau darf eigentlich überhaupt nicht mehr wirklich ur-weiblich sein. Und viele wollen das auch gar nicht mehr. Weil dieser Gedanken ihnen Angst macht. Weil sie das nicht kennen.

Nur wenige Frauen wissen überhaupt wie es sich anfühlt, sich in ihrer Ur-Weiblichkeit zu befinden. Und diese auch mit Hingabe zu leben. Da echte Weiblichkeit sehr oft total missverstanden wird.

Weiblichkeit wird allgemein oft als Schwäche deklariert. Was eigentlich vollkommen falsch ist.

Denn die Ur-Weiblichkeit ist eine überaus starke Kraftquelle, die jede Frau wieder in sich erwecken sollte.

Auch die Männer profitieren ja automatisch in sehr hohem Maße davon. Da sie dann endlich wieder ihre Ur-Männlichkeit leben können. Und diese männliche Ur-Kraft in sich auch deutlich spüren können.

Viele Männer sind dazu „verdammt", immer weicher und weiblicher zu werden. Während die Frauen immer härter und kämpferischer sein sollen.

Die Rollen der Geschlechter sind total vertauscht.

Und viele Männer wissen eigentlich überhaupt nicht mehr, wie sie sich den Frauen gegenüber „richtig" verhalten sollen. Und was sie DÜRFEN. Sie sind innerlich äußerst unsicher. Was oft im zwischenmenschlichen Umgang auch sehr deutlich zu spüren ist.

Die Männer haben immense Angst, den Ansprüchen und Anforderungen einer Frau nicht zu genügen. Und halten sich somit schon im Vorfeld oft zurück. Da die Angst zu scheitern und neue seelische Verletzungen zu erhalten, einfach zu groß und übermächtig für sie ist.

Was natürlich erst recht bei den Kopfmenschen der Dualseelen zu spüren ist.

Und das kommt genau daher, dass sich viele Frauen heutzutage in der männlichen, kämpfenden Rolle wiederfinden. Und nicht in der ihnen ursprünglich zugedachten eigentlichen weiblichen. Das ist auch ein Grund, warum so viele Beziehungen und Partnerschaften scheitern. Weil es permanent Macht-Spielchen und Macht-Kämpfe gibt, wer denn nun der stärkere der beiden ist. Der Mann will unbewusst in seine ursprüngliche Männlichkeit kommen, schafft es aber nicht, da die Frau – weil sie es nicht besser weiß – ebenfalls kämpft. Und stark sein will.

Dabei ist beiden nicht klar, dass sie einfach die Rollen vertauscht haben. Und so eigentlich „gezwungen" sind Machtkämpfe auszufechten. Bei denen aber keiner gewinnen wird. Beide sind in dem Fall die Verlierer.

Wenn beide es schaffen würden, wieder in ihre Ur-Weiblichkeit und Ur-Männlichkeit zurückzukehren, würden diese Machtkämpfe von ganz alleine aufhören.

Und wenn dann noch wahre und bedingungslose Liebe dazukommt, weil beide ganz einfach IN Liebe zu sich selbst und zum anderen sind, gibt es sowieso keine Macht-Spielchen und keine Macht-Kämpfe mehr.

Sich als Frau in Ihrer Ur-Weiblichkeit zu befinden bedeutet ganz einfach, nach Ihrer weiblichen Intuition zu leben. Auf Ihr Herz und auf Ihre Seele zu hören. Und sich mit Ihrem höheren Selbst zu verbinden. Das Leben mit Hingabe und Vertrauen zu leben und es zu genießen. In erster Linie Vertrauen und Hingabe sich selbst gegenüber. Aber natürlich auch nach außen.

Sich dem Leben hinzugeben und sich fallen zu lassen, ist dabei gar nicht so einfach. Weil wir immer wieder Hindernissen ausgesetzt sind, die wir beseitigen müssen. Von der Leichtigkeit des Seins ist allgemein eigentlich kaum noch etwas zu spüren. Ständig herrscht überall nur Druck, Zwang und Überforderung.

Weiblichkeit als Schwäche zu definieren, und anzunehmen, dass Weiblichkeit bedeutet sich anzupassen, sich unterzuordnen, sich permanent zu verbiegen und auf seine eigenen Bedürfnisse zu verzichten, ist ein komplett falsches Denken!

Die wahre innere Kraftquelle der Ur-Weiblichkeit hat damit gar nichts zu tun.

Wenn Sie als Frau der irrtümlichen Meinung sind, dass Sie sich einem Mann anpassen und sich ihm unterordenen sollen oder gar müssen, und nur das tun was der Mann Ihnen sagt, hat das etwas zu tun mit Ihren anerzogenen Glaubenssätzen und Verhaltensmustern aus der Kindheit. Von Ihrer kraftvollen Ur-Weiblichkeit sind Sie dann Welten entfernt. Wofür Sie aber gar nichts können! Da Sie ja meist überhaupt keine Ahnung davon haben, was es wirklich bedeutet sich als Frau in Ihrer Ur-Weiblichkeit zu befinden.

Wenn Sie sich nicht mit dem Thema explizit beschäftigt und ganz bewusst damit auseinandergesetzt haben, wissen Sie ja auch gar nicht wie Sie wieder in ihre Ursprungsrolle zurückfinden sollen.

Geschweige denn, wie kraftvoll, sinnlich und stark es sich anfühlt wirklich weiblich als Frau zu sein.

Wahre Ur-Weiblichkeit hat rein gar nichts mit dem äußeren Erscheinungsbild zu tun!

Sondern es ist eine Frage der inneren Einstellung. Und des Auslebens dieser feinen ur-weiblichen Energien. Man sieht und spürt es an der gesamten Ausstrahlung einer Frau, wenn sie sich in ihrer ur-weiblichen Rolle befindet. Und diese Rolle in allen Facetten lebt und genießt.

Sie haben es dann nicht mehr nötig, sich Masken des Selbstschutzes aufzusetzen. Denn Sie kennen Ihren Selbstwert. Sie befinden sich IN (Selbst-) Liebe. Sie besitzen Selbstachtung und weiblichen Stolz.

Genauso wie ein wahrer Mann Selbstachtung und männlichen Stolz besitzen sollte. Kein Mensch sollte sich unter Wert verkaufen.

Ein Mann der gelassen und entspannt in seiner Ur-Männlichkeit ruht, ist niemals dominant (s)einer Frau gegenüber. Und hat es überhaupt nicht nötig Machtspielchen mit ihr zu spielen. Da er sich seiner wahren Männlichkeit bewusst ist. Und wahre Männlichkeit bedeutet als Mann, die Frau seines Herzens emotional (aus) zu halten, sie aufzufangen, sie zu tragen, sie zu beschützen und in ihren emotionalen Schwankungen genauso anzunehmen wie sie ist.

Ohne sie zu bewerten, ohne sie zu kritisieren, ohne ihr Vorwürfe zu machen, ohne sie zu beschimpfen, ohne auf das zu reagieren was an „negativem" von ihr kommt. Er findet immer die passenden Worte um sie zu trösten wenn sie das braucht. Er inspiriert sie und gibt Impulse. Er stützt und unterstützt sie auf allen Ebenen.

Er nimmt ihr die überfließenden Energien ab, so dass diese sich in ihr immer wieder aus sich selbst erneuern können.

Für die Regulierung seiner eigenen Energien ist der Mann selbst verantwortlich. Diese Verantwortung trägt niemals die Frau. Und der Mann darf ihr diese Verantwortung auch niemals aufbürden. Denn wenn er das tun würde, wäre er ‚bedürftig' und nicht in seiner männlichen Stärke.

Ein Mann der sich in seiner Ur-Männlichkeit befindet, kämpft um (s)eine Frau niemals aggressiv und „bettelnd" – sondern er erobert und umwirbt sie gelassen in sich ruhend, sanft, zärtlich, liebevoll, geduldig und subtil.

Er schleicht sich langsam aber sicher in Ihr Herz und in Ihre Seele. Er ist niemals aufdringlich und nervend Ihnen gegenüber. Er erwartet niemals von Ihnen als Frau dass Sie um ihn kämpfen.

Auch das wäre dann nämlich wiederum ‚bedürftig'. Denn dann würde er sich nicht in seiner Ur-Männlichkeit befinden. Auch überträgt er Ihnen als Frau niemals die Verantwortung für SEIN Fühlen, Denken und Handeln!

Sobald ein Mann Ihnen als seiner Frau die emotionale Verantwortung für alles mögliche überträgt und Sie unter diesem Druck fast zusammenbrechen, weil Sie vollkommen überfordert damit sind, befindet sich dieser Mann NICHT in seiner ur-männlichen Rolle.

Dann ist dieser Mann zu „schwach" die emotionale Verantwortung zu tragen. Er „missbraucht" Sie als seine Frau quasi emotional. Weil er nicht in der Lage ist, Sie emotional aufzufangen, Sie zu halten, zu tragen und Sie zu beschützen.

Was aber seine Aufgabe als wahrer männlicher Mann wäre. Und solange Sie als Frau sich in diese Rolle „drängen" lassen würden, befinden Sie sich nicht in Ihrer wahren und kraftvollen Ur-Weiblichkeit.

Natürlich macht ein Mann das nicht bewusst und absichtlich. Sondern das läuft unbewusst in seinem Inneren ab. Weil er es nicht besser weiß.

Er tut das NICHT um Sie als seine Frau zu ärgern.

Er tut nur das was er als kleiner Junge durch die Erziehung seiner Eltern gelernt hat. Das ist jetzt allerdings keine Entschuldigung für diese Männer. Sondern lediglich eine Erklärung für ihr Verhalten. Da alles sein Ursachen und Gründe hat.

Wenn Sie sich in echter Selbstliebe befinden, dann KÖNNEN Sie sehr gut mit sich alleine sein. Dann definieren Sie sich nicht über einen Partner. Sondern Sie wissen dass Sie auch alleine ein Ganzes sind. Viele Menschen sehen sich ohne Partner oder ohne Partnerin aber nur halb. Und das ist einfach total falsches Denken. Wenn Sie sich in echter Selbstliebe befinden, sehen Sie einen Partner oder eine Partnerin als zusätzliche Bereicherung. Und als inspirierende Ergänzung im eigenen Leben. Denn dann sind Sie zusammen ein großes Ganzes.

Es ist etwas vollkommen anderes, ob Sie zwar alleine sein KÖNNEN – aber nicht alleine sein WOLLEN. Als wenn Sie NICHT alleine sein können und somit NICHT alleine sein wollen.

Ihr freier Wille ist hier das entscheidende. Nicht eine ‚Bedürftigkeit' aus einem Mangel-Denken heraus.

Anders ist es bei den echten Seelenpartnern – den Dualseelen. Sie ziehen sich ja an, um sich gegenseitig alte Muster und seelische Verletzungen zu heilen. In diesem Fall passt man zwar perfekt zusammen, weil man sich ergänzt wie zwei Puzzleteile die sich ineinanderfügen. Aber es kann eben dauern, bis beide in eine wirkliche Beziehung und echte Partnerschaft kommen.

Und das funktioniert auch nur dann, wenn beide Seelenpartner ihre alten Muster und seelischen Verletzungen heilen. Und jeder für sich in seine ursprüngliche Rolle zurückfindet.

Wenn einer von Ihnen beiden sich weigert oder es einfach nicht schafft an sich zu arbeiten, sich zu reflektieren und sich selbst zu heilen, ist eine wirkliche Partnerschaft und dauerhafte Bindung mit echter Nähe fast unmöglich.

Ein Partner / eine Partnerin sollte keinen Ersatz für irgendeinen Mangel darstellen! Viele Menschen sehen – weil sie es nicht anders kennen – eine Beziehung und Partnerschaft als Glücksquelle an sich. Und genau das ist völlig verqueres Denken. Denn für Ihr eigenes Glück sind Sie grundsätzlich IMMER selber verantwortlich.

Es zeugt von Unreife und ‚Bedürftigkeit', wenn Sie Ihrem Partner die Verantwortung und Belastung aufbürden sich selbst glücklich zu machen. Denn nur Sie selbst kennen ja Ihre ureigenen Bedürfnisse, Wünsche, Träume, Sehnsüchte, Erwartungen, Ansprüche....sofern Sie sie nicht klar und deutlich nach außen kommunizieren.

So oder so ist es enorm wichtig für das funktionieren einer echten Partnerschaft, dass sich beide Partner in der Fülle befinden. Und nicht in Mangel und ‚Bedürftigkeit'.

Die Kraftquelle der Ur-Weiblichkeit wieder in sich zu aktivieren, bedeutet allerdings einige Anstrengung für Sie. Sie brauchen in jedem Falle Zeit und Geduld sich selber gegenüber. Und auch dem Menschen Ihres Herzens übrigens. Denn es passiert niemals von heute auf morgen, dass plötzlich alles wieder „richtig" und stimmig ist. Da dies ein innerer Prozess, eine Entwicklung ist, die sehr individuell zu sehen ist. Bei dem einen Menschen geht es schneller voran, bei dem anderen langsamer.

Aber meistens ist die Frau diejenige, die den Anfang dieser Veränderung machen muss. Der Mann wird dann automatisch in diesen Prozess integriert. Er zieht dann automatisch nach. Aber leider auch nur dann, wenn er in der Lage ist, sich selbst zu reflektieren. Wenn er bereit dazu ist, in seine ursprüngliche Männlichkeit zurückzukehren. Und aus seinem Mangel-Denken und aus dem Schatten seiner ‚Bedürftigkeit' herauszutreten. Solange er der Meinung ist alles richtig zu machen und seine eigenen Fehler nicht sieht, wird sich kaum etwas verändern. Und es wird so auch keine wirkliche Beziehung und echte Partnerschaft möglich sein. Weil die Energie zwischen Ihnen beiden blockiert ist und nicht frei fließen kann.

Eine Frau die sich in ihrer Ur-Weiblichkeit gelassen sonnt, wird immer nur einen Mann in ihr Leben ziehen, der ebenfalls gelassen und entspannt in seiner Ur-Männlichkeit ruht. Sie wird immer einen Mann anziehen, der sich um SIE bemüht. Niemals muss sie aktiv werden und um einen Mann kämpfen. Da der passende Mann sie ganz automatisch erobert und umwirbt.

Sich in der Kraftquelle der Ur-Weiblichkeit zu befinden bedeutet auch, dass die Frau ihren freien Willen benutzt, dass sie eigene Entscheidungen trifft und ihre eigene Meinung offen vertritt. Dass sie sich ihre Bedürfnisse selbst erfüllt. Und nicht darauf „wartet" dass ein Mann kommt, der ihr all das bietet was sie will. Sie lebt all ihre Emotionen und Facetten ihres gesamten Seins. Es ist ihr egal, ob sie von anderen Menschen gemocht oder nicht gemocht wird. Sie ist es, die bestimmt wen sie in ihr Leben und an ihre Seite lässt.

Der Mann der es geschafft hat sich einen festen Platz in Ihrem Herzen zu erobern, darf sich glücklich schätzen, Sie als Frau an seiner Seite zu haben. Denn Sie als Frau in ihrer Ur-Weiblichkeit und der Mann Ihres Herzens in seiner Ur-Männlichkeit werden eine ganz andere Art von Beziehung und Partnerschaft leben.

Sie nähren sich gegenseitig mit all Ihren Gefühlen und Emotionen. Und all Ihrem männlichen agieren und weiblichen reagieren.

Ein Mann der sich wirklich in der Kraft seiner Ur-Männlichkeit befindet, besitzt in jedem Fall männliche Zuversicht. Er ist ein echter Fels in der Brandung. Die Frau seines Herzens kann sich immer auf ihn verlassen. Da er ganz genau weiß was er will. Ein Mann der männliche Zuversicht in sich trägt ist wirklich beziehungsfähig. Die Frau seines Herzens kann sich glücklich schätzen, ihn als ihren Partner zu haben. Ein wahrer Mann MUSS männliche Zuversicht besitzen wenn es darum geht, eine echte und dauerhafte Partnerschaft zu führen. Ein Mann der immer nur redet und nicht wirklich handelt, befindet sich nicht in der Rolle seiner Ur-Männlichkeit.

Eine Frau die sich in der inneren Kraftquelle ihrer Ur-Weiblichkeit befindet, erkennt man somit daran:

- ♥ sie wirft sich niemals einem Mann an den Hals
- ♥ sie „bettelt" und kämpft niemals um die Liebe eines Mannes
- ♥ sie lässt sich erobern und lässt es passiv zu, dass der Mann um sie wirbt
- ♥ sie wartet nicht darauf dass er zu ihr kommt und sich für sie entscheidet, sondern sie lebt ihr eigenes Leben und kümmert sich um sich selbst
- ♥ sie empfängt den Mann mit all ihrer Liebe, wenn er aus seinem freiem Willen zu ihr kommt und sich zu ihr bekennt
- ♥ sie sonnt sich in ihrer Ur-Weiblichkeit mit allen Facetten
- ♥ sie lebt ihre Gefühle und Emotionen, ohne darauf zu achten, wie sie nach außen wirkt
- ♥ sie hat es nicht nötig, sich über ihr Äußeres zu definieren
- ♥ sie kennt ihren Selbstwert, besitzt Selbstachtung und weiblichen Stolz
- ♥ sie lässt sich ins Leben fallen und genießt die Liebe an sich
- ♥ sie bleibt passiv und reagiert auf das Verhalten des Mannes

Einen Mann der sich in seiner Ur-Männlichkeit befindet, erkennt man daran:

- ♥ er ist ein wahrer Fels in der Brandung
- ♥ er besitzt echte männliche Zuversicht
- ♥ er hält und trägt die Frau in ihren emotionalen Schwankungen, fängt sie auf und gibt ihr emotionale Sicherheit und Geborgenheit, ohne Bewertungen ihres Verhaltens oder ihrer Person
- ♥ er weiß sehr genau was er will
- ♥ er erobert und umwirbt die Frau seines Herzens
- ♥ er besitzt männlichen Stolz und Selbstachtung
- ♥ er lässt sich von niemandem verbiegen
- ♥ er akzeptiert die Frau genauso wie sie ist, weil sie so ist wie sie ist
- ♥ er zeigt ihr seine Liebe indem er Dinge für sie TUT
- ♥ er nimmt ihr die überfließenden Energien ab
- ♥ er fühlt sich überaus wohl in seiner Rolle der Ur-Männlichkeit als Mann
- ♥ er genießt sein Mann-Sein und genießt die Ur-Weiblichkeit der Frau
- ♥ er investiert aktiv in die Frau seines Herzens (Zeit, Kraft, Energie, Gefühle und Emotionen, Phantasie, Kreativität, Geld...)

All die alten erlernten Muster und Glaubenssätze aus der Kindheit zu heilen, ist harte Arbeit an sich selbst. Aber für eine deutlich verbesserte Lebensqualität und für ein Wohlfühlen in sich selbst und im ganzen Leben eigentlich unerlässlich.

Oft dauert es viele Jahre bis man durch Zufall auf dieses Thema der vertauschten Geschlechter-Rollen kommt. Und sich damit und mit seinen Verhaltens- und Beziehungsmustern beschäftigt.

Solange wir nicht wissen dass wir uns eigentlich viele Jahre lang „falsch" verhalten, können wir ja nichts ändern. Und genauso lange wird sich auch in der Gesellschaft an sich nichts ändern. Es wird immer weiter suggeriert dass die Frau die „Kämpferin" sein soll und der Mann weicher und weiblicher zu werden hat.

Genau deshalb ist es an der Zeit, dass viel mehr Menschen aufwachen. Und sich auf den Weg in ihre ihnen von der Natur aus zugedachte Rolle der Ur-Weiblichkeit und Ur-Männlichkeit zu machen.

Die Ur-Weiblichkeit ist wie gesagt absolut keine Schwäche, sondern eine immens kraftvolle Stärke. Sie ist deutlich spürbar in der gesamten sinnlichen Ausstrahlung einer Frau. In ihrem Verhalten, in ihrer Körperhaltung, ihrer Mimik und Gestik.

Eine wahrlich weibliche Frau spürt quasi die „Königin" in sich. Und lebt diese in allen Facetten und auf allen Ebenen genussvoll aus.

Und wenn genügend Menschen aufwachen und sich wieder in ihre ursprüngliche Rolle begeben, finden auch die passenden Partner zueinander.

Um eine völlig andere Art der Beziehung und Partnerschaft zu leben.

Dabei geht es in keinem Fall darum, dass der Mann das Sagen hat und Sie als Frau dürfen Ihren Mund nicht aufmachen!

Nein - es geht einfach darum, die ur-weiblichen und die ur-männlichen Energien in die richtigen Bahnen zu lenken. Und das ursprüngliche Gleichgewicht von Yin und Yang wiederherzustellen. Die Balance zu finden zwischen den weiblichen und männlichen Anteilen in sich selbst.

Damit diese Energien entsprechend gelebt und gegenseitig genährt werden können. In wahrer und bedingungsloser Liebe zu sich selbst und füreinander. Beide stehen nebeneinander auf derselben Stufe.

Und blicken gleichberechtigt in dieselbe Richtung. Da Sie beide dasselbe im Leben wollen.

8.3. zum dritten sind die Ursachen des ganzen zu berücksichtigen

Die Gründe und Ursachen dieser ganzen Schieflage des weiblichen und männlichen „Fehl-Verhaltens" liegt tatsächlich hauptsächlich in der Kindheit.

Bei den Frauen ist es oft so, dass sie als Kind von ihrem Vater nicht die Liebe bekommen haben, die sie eigentlich für eine gesunde seelische Entwicklung gebraucht hätten. Weil der Vater aus irgendwelchen Gründen – die wiederum in SEINER Erziehung durch seine Eltern und den Konditionierungen daraus liegen – seiner Tochter nicht die Liebe geben konnte, wie es normal gewesen wäre. Dieser Vater wusste vielleicht selber nicht, wie es sich anfühlt wirklich und wahrhaftig geliebt zu werden. Da er diese Liebe von seinem Vater auch nicht bekommen hat. WIE also soll ein solcher Vater seiner Tochter seine Liebe zeigen? Wenn er das doch selber niemals gelernt hat? Wenn er doch gar nicht weiß wie das überhaupt funktioniert?!

Diese Töchter sind permanent auf der Suche nach Liebe. Sie kämpfen verzweifelt um die Liebe ihres Vaters und fragen sich ständig WARUM er sie denn nicht lieben kann. Diese Töchter haben immer das Gefühl dass sie es nicht WERT sind, von ihrem Vater geliebt zu werden. Sie haben chronisch das Gefühl nicht gut genug zu sein. Denn sonst würde dieser Vater sie ja lieben...!? Oder...? Was er aber überhaupt nicht KANN!

Diese Töchter sind es auch, die bei jedem Mann für den sie Gefühle entwickeln, verzweifelt um dessen Liebe kämpfen und betteln. Weil das Resonanzgesetz ihnen genau die Männer vor die Nase setzt, die ihnen ebenfalls KEINE wirkliche Liebe geben können. Da diese Männer ebenfalls verzweifelt nach Liebe suchen. Da sie ja von

IHREM Vater wiederum die Liebe nicht erhalten haben. Diese Männer nehmen die Liebe einer Frau zwar an...und nehmen...und nehmen...und nehmen. Sind aber nicht in der Lage wahrhaftige Liebe einer Frau zu GEBEN!

Was ein vollkommen fataler Kreislauf aus Bedürftigkeit bei emotional vollständig ausgehungerten Frauen und Männern ist. Der nur dann unterbrochen werden kann, wenn beide um das Thema WISSEN. Wenn diese Menschen WISSEN warum sie sich so verhalten wie sie es tun. Ausschließlich DANN können sie an sich arbeiten und sich verändern.

Andererseits gibt es aber auch tatsächlich Fälle, in denen die Töchter sehr wohl die Liebe von ihrem Vater erhalten haben. Und die Mutter war diejenige Person, die ihrer Tochter keine Liebe geben konnte. Die ihrer Tochter das chronische Gefühl gegeben hat nicht gut genug zu sein. Und eine solche Tochter deshalb niemals so werden und sein will wie ihre eigene Mutter. Weil die Mutter selber gravierende seelische und emotionale Mängel in sich trägt. Und selbst emotional überaus ‚bedürftig' ist. Dann kann es passieren, dass genau diese Töchter sich am Vater orientieren. Und ihn bewundern. Und genauso sein wollen wie er. Weil sie sehen dass er stark ist. Nicht emotional „schwach" wie die Mutter. Dann imitieren sie lieber den Vater und begeben sich in die männliche aktiv „kämpfende" Rolle.

Das werden dann auch diejenigen Frauen, die um die Männer „kämpfen". Die die Männer umwerben und erobern. Die sich eben männlich aktiv verhalten und nicht weiblich passiv.

Die Männer spüren instinktiv dass „irgendetwas" falsch bei diesen Frauen läuft, und treten automatisch die Flucht an. Weil ihnen dieses „unerklärliche" Verhalten einer Frau suspekt ist. Und eine Riesen-Angst macht. Weil sie SICH selbst in diesem Verhalten erkennen. Weil diese Frauen die Männer eigentlich SPIEGELN! Diese Männer spüren instinktiv, dass diese Frauen sich nicht weiblich passiv verhalten. Wie es eigentlich natürlich sein sollte. Die Männer

WOLLEN aber eine Frau die sich WEIBLICH verhält. Die es ZULÄSST dass der Mann um sie wirbt. Die ‚empfängt' was der Mann ihr zu GEBEN hat. Die sich dem Mann HINGIBT. Und sich einfach vertrauensvoll fallen lässt. Die den Mann bewundert. Und ihn einfach ganz Mann sein lässt.

Aber weder Frauen noch Männer können sich dieses Verhalten erklären. Es herrscht allgemein nur ganz große Unsicherheit. Und deshalb funktionieren viele Beziehungen nicht. Weil es ständig fatale Machtspielchen gibt. Da sich viele nicht in ihrer ursprünglichen und natürlichen Rolle befinden.

Jeder Mensch erschafft sich ein künstliches Idealbild – eine Illusion, eine bloße Vorstellung – seines vermeintlichen „Traumpartners".

Und übersieht dabei oft gerade DEN Menschen der WIRKLICH zu ihm passt! Und der ihn WIRKLICH liebt. Ganz einfach als MENSCH liebt. Nicht ein 'Bild' dieses Menschen.

Und der WIRKLICH mit ihm zusammensein möchte. Aus reiner und tiefer Seins-Liebe heraus.

Das was wir gemeinhin Liebe nennen, IST in Wahrheit überhaupt keine Liebe. Es ist nur die bloße VORSTELLUNG – ein BILD – von Liebe.

9. Spiegelverkehrte Sicht – warum sich alles plötzlich wandelt

- Seitenwechsel der Dualseelenpartner

Irgendwann kommt der Wendepunkt in dem ganzen Dualseelenprozess. Langsam wird uns bewusst, dass sich alles verändert. Es findet eine Art Umkehr statt. Die Positionen verschieben sich. Und bewegen sich in die entgegengesetzte Richtung. Und jeder nimmt mit einem Mal den Platz des anderen ein. Beide Duale finden sich in der Rolle Ihres Gegenstückes wieder. Der flüchtende Kopfmensch bekommt nun zu spüren wie der Herzmensch sich bisher immer gefühlt hat. Und der Herzensmensch muss sich eingestehen, dass nicht alles so ist, wie es vermeintlich die ganze Zeit war.

- Nichts ist tatsächlich so, wie es scheint

Irgendwann fällt uns siedend heiß auf, dass nicht unser Dual es war der unsere Liebe nicht wollte. Sondern dass eigentlich WIR es sind, die SEINE Liebe die ganze Zeit von uns geschoben haben. Weil wir sie nicht ausgehalten haben.

Die ganze Zeit waren wir so abgelenkt und fixiert darauf dass unser Dual sich immer wieder von uns zurückzieht, dass wir überhaupt nicht auf die Idee gekommen sind, dass ER sich statt UNSER zurückzieht. Das heißt, ER zieht sich für UNS zurück. Weil er SPÜRT dass wir seine Liebe die ganze Zeit nicht annehmen und aushalten konnten.

Weil auch wir uns vielleicht immer wieder zeitweise von ihm zurückgezogen haben. Was IHN ja genauso emotional trifft und verletzt, wie wenn es uns verletzt, dass ER sich von UNS zurückzieht.

Der einzige Unterschied ist – ER gibt deswegen keinen einzigen Ton von sich. Er sagt kein einziges Wort. Kein einziger Ausdruck des Vorwurfes kommt von ihm. Still und leise leidet unser Dual vor sich hin. Und WIR bemerken das nicht einmal. Weil wir nicht darauf achten. Weil wir auf vollkommen andere Dinge fixiert und konzentriert sind.

Vielleicht ziehen wir uns nur innerlich und emotional von ihm zurück, vielleicht aber auch äußerlich. Soll heißen, vielleicht war uns gar nicht bewusst, dass auch wir immer wieder auf Sicherheitsabstand zu unserem Dual gegangen sind. Wenn wir gespürt haben dass uns irgendwas zu viel wird. Dass die Energie zu intensiv und stark war, die zwischen beiden Dualen geflossen ist. Nicht nur ER hat sich zurückgezogen und die Flucht ergriffen.

Auch WIR wussten nicht mit dieser Stärke und Intensität dieser wundervollen Liebe umzugehen!

Aber ER war es, der UNS die ganze Zeit unerschütterlich mit einer Engelsgeduld wortlos getragen, gehalten und beschützt hat! Als wir selbst dazu noch nicht in der Lage waren. Weil uns die emotionale Kraft dazu gefehlt hat.

ER hat uns einfach nur angenommen genauso wie wir sind.

WIR waren es, die Bedingungen an ihn gestellt haben. WIR waren es, die immer wieder Erwartungen und Forderungen an ihn hatten. Die sich beschwert haben, wenn er nicht zu uns kam. Die diese Liebe nicht aushalten konnten. Die echte Nähe verhindert haben. Die nicht zugelassen haben dass er uns einfach nur liebt.

Wir haben gegen ihn ‚gekämpft' und haben versucht ihn Loszulassen. Wir haben aber lange Zeit NICHT versucht, unser Dual einfach nur anzunehmen und zu akzeptieren. Ihn einfach nur SEIN zu lassen. Weil wir das ganz einfach nicht konnten. Weil wir gar nicht wussten wie das geht. Und weil wir vielleicht auch in unserer eigenen Verlustangst gefangen sind oder waren.

Von unserem Dual kam überhaupt GAR NICHTS in diese Richtung. Denn er hat absolut NICHTS von uns gefordert oder erwartet. Oder gar irgendwelche Bedingungen an uns gestellt.

Im Gegenteil. Wir durften einfach nur SEIN.

Und das kennen WIR wiederum aus unserer Vergangenheit nicht. Das ist UNS wiederum „unheimlich". Und kommt uns „komisch" vor. Weil WIR das aus unseren vorherigen Beziehungen überhaupt nicht kennen. Weil wir uns da immer verbiegen „mussten". Und niemals so angenommen worden sind wie wir sind. Wir durften nicht einfach so SEIN.

Unser Dual ist normalerweise der allererste Mensch in unserem Leben, der NICHTS von uns erwartet. Der uns einfach so annimmt.

Und wir genießen das so sehr, dass wir erst einmal nicht wirklich SEHEN, wie tief er uns eigentlich tatsächlich liebt.

Normalerweise müssten gerade wir als hochsensible und vielleicht auch hochsensitive Menschen dies mehr als deutlich spüren.

Und wenn es uns dann auffällt, überfällt uns ein irrsinnig schlechtes Gewissen. Weil wir unserem Dual ja niemals weh tun wollten. Wir wollten ihn ja nicht verletzen. Haben es aber dennoch getan. Indem wir ihn einfach nicht wirklich GESEHEN haben. Nicht RICHTIG wahrgenommen haben, wie sehr er sich die ganze Zeit um uns gekümmert hat. Und für uns da war. Auf seine eigene Art und Weise.

Dass er die ganze Zeit unser starker Fels in der Brandung war. Und dass er in Wahrheit eigentlich emotional viel stärker ist als wir!

Dass wir eigentlich diejenigen sind die emotional „schwach" waren.

Weil wir uns immer automatisch darauf konzentriert haben, was uns an ihm oder mit ihm fehlt. Nämlich seine ABWESENHEIT, wenn er wieder mal auf Rückzug ist und sich nicht meldet.

Uns hat die feste Bindung mit ihm gefehlt. Weil er vielleicht der erste Mensch in unserem Leben ist, der eine feste Bindung mit uns verweigert. Und genau das verstehen wir nicht. Da wir vorher immer feste Beziehungen und Bindungen in unserem Leben hatten. In denen wir aber seltsamerweise niemals die Liebe bekommen haben die wir immer haben wollten. Wir haben in all diesen Beziehungen immer etwas vermisst. Und unser Dual zeigt uns ganz genau WAS wir da die ganze Zeit in unserem Leben vermisst haben. Denn ER gibt es uns ja. Wenn auch nicht vollständig, sondern immer nur „häppchenweise". Und das stellt uns natürlich nicht zufrieden. Und darüber haben wir uns lange Zeit immer wieder beschwert. Und unser Dual hat das ganz einfach still hingenommen. Ohne jeden Kommentar zu unserem Verhalten. Oder zu unseren Vorhaltungen ihm gegenüber.

Bisher haben wir unser Dual immer wieder dafür verantwortlich gemacht, dass er vor uns geflüchtet ist. Und seine Liebe zu uns nicht zugelassen hat. In Wahrheit ist ihm gar nichts anderes übrig geblieben als sich zurückzuziehen. Und seine Liebe vor uns zu verstecken. Weil wir nicht in der Lage waren zu erkennen, wie sehr unser Dual uns tatsächlich liebt.

Weil wir uns nicht auf seine ANWESENHEIT konzentriert haben! WENN er für uns aktiv da ist!

So macht er uns darauf aufmerksam, in welchen alten Mustern und Konditionierungen wir eventuell noch feststecken.

Wenn wir ganz bewusst darauf achten, können wir das sehr genau sehen. Und indem sich jetzt alles umkehrt und wir in dieser Tauschphase angelangt sind, können wir erst erkennen wie unser Gegenstück sich die ganze Zeit fühlt.

- Der Kontrollverlust unserer Dualseele

Deshalb verliert unser Dual auch irgendwann seine ganze Kraft und Energie. Weil er einfach nicht mehr imstande ist, sich ständig diszipliniert unter Kontrolle zu halten. Und seine Liebe permanent vor uns zu verstecken.

Das laugt ihn aus. Er kann nicht mehr. Er kann keine Leistung mehr zeigen. Er wird regelrecht krank. Da seine Gefühle immer mehr durchkommen und ihn drangsalieren.

Weil er sie endlich leben möchte. Weil auch er eine massive Sehnsucht in sich trägt wahrhaftig und tief zu lieben. Und von uns vorbehaltslos angenommen zu werden. Weil auch er natürlich ein äußerst sensibler Mensch ist. Und ebenfalls einfach nur SEIN möchte.

Dass er alle Selbstbeherrschung aufwenden muss um sich zu kontrollieren, erkennen wir unter anderem daran, dass er beispielsweise in unserer Gegenwart zittert. Oder dass er sehr unruhig wirkt. Oder dass er es vermeidet uns zu berühren. Oder uns in die Augen zu schauen. Oder er vermeidet es, uns überhaupt zu nahe zu kommen. Und sei es auch nur, unsere Stimme am Telefon zu hören. Weil ihm das alles zu intensiv ist. Und es ihm unendlich schwer fällt, sich zu beherrschen.

Weil er dann gezwungen ist, seine gesamte Kraft und Energie aufzuwenden, um sich unter Kontrolle zu halten.

Und das strengt ihn über alle Maßen an. Und belastet ihn immens.

Und so kann es passieren, dass Ihr Dual sich wochen-, oder auch monatelang vor Ihnen zurückzieht. Und sich wenig bis kaum oder auch gar nicht mehr bei Ihnen meldet. Dabei vergräbt er sich bis zum umfallen in seine Arbeit. Da er sich hier sicher fühlt. Auch wenn er kaum noch den Anforderungen gewachsen ist.

Da er so erschöpft und krank wird, dass er einfach nicht mehr kann.

Und die ganze Zeit ist uns überhaupt nicht klar, wie sehr unsere Dualseele uns tatsächlich liebt. Obwohl wir doch ganz deutlich spüren, wie weich er mittlerweile im Umgang mit uns geworden ist. Was er natürlich - indem er sich in seine Arbeit stürzt - wieder versucht zu überspielen.

- Wenn uns die Selbsterkenntnis überfällt

Dieses Erkennen kann so urplötzlich passieren, dass sich ein sehr extremer emotionaler Schmerz in uns bildet. Wir fühlen uns wie mit Eiswasser übergossen. Denn diese Selbsterkenntnis tut uns so richtig weh. Panikartig fragen wir uns, ob nicht eigentlich WIR die Kopfmenschen in dieser Dualseelenverbindung sind.

Denn wir wissen ja, dass unser über alles geliebtes Dual sehr wohl sehr gefühlvoll und emotional sein kann. Wenn er es zulässt. Weil uns – die wir ja bisher immer felsenfest davon überzeugt waren absolut in unserem Herzen zu sein – jäh bewusst wird, dass WIR es die ganze Zeit sind, die die emotionale Flucht vor unserem Dual ergriffen haben.

WIR sind es, die den Schleier vor unseren Gefühlen wegziehen und sie bewusst näher beleuchten müssen. WIR haben verhindert dass die Liebe zwischen uns und unserem Dual fließt. WIR haben unser Dual emotional im Stich gelassen. WIR waren es die ganze Zeit, die seine Liebe nicht zugelassen und nicht angenommen haben. WIR waren es, die vor dieser extremen Nähe und Intensität dieser Liebe geflüchtet sind. Weil wir sie nicht ausgehalten haben.

Und ER hat kein Wort zu uns gesagt. Still und geduldig hat er alles ertragen.

Wenn wir bewusst darauf schauen, fällt uns erst auf, wie oft unser Dual uns seine Liebe eigentlich zeigen möchte. Und was er für uns schon alles getan hat. Alleine daran erkennen wir seine Liebe zu uns. Auch wenn er sie lange Zeit von sich schiebt und verleugnet. Seine Liebe zu uns ist deutlich zu erkennen. Wenn wir nur bewusst darauf achten!

Gerade als hochsensible und hochsensitive Menschen spüren wir seine Liebe überdeutlich. Auch wenn er sie aus reinem Selbstschutz und Angst immer wieder mit Füßen tritt. Trotzdem muss auch ER natürlich all seine Ängste die er nach wie vor in sich trägt, eliminieren. Und sich aus all seinen alten Mustern und Verstrickungen befreien!

Solange er das nicht tut, wird auch eine wirkliche Partnerschaft zwischen beiden Dualen schwierig bis eigentlich unmöglich sein.

Weil unser Dual ja eine feste Bindung bisher gar nicht zulässt. Er schiebt es ja auch weit von sich, dass beide schon sehr viel mehr miteinander verbunden sind als ER es überhaupt wahrhaben möchte.

Da wo er noch klagt und jammert WARUM ausgerechnet ER ganz alleine ist und keine glückliche Partnerschaft hat, sieht er gar nicht dass eigentlich schon die ganze Zeit eine Beziehung zwischen beiden Dualen besteht.

Auch wenn sie nicht offiziell ist. Aber Beziehung ist Beziehung. Was auch er noch lernen darf und muss. Auch wenn sich beide Duale aufgrund der räumlichen Entfernung vielleicht sowieso nicht allzuoft sehen können.

Das unlösbare unsichtbare Band zwischen beiden Dualen besteht trotzdem.

- Die legendären „Ausreden" der Kopfmenschen – und meist männlichen Duale

Unser Dual erfindet immer wieder aufs neue die abenteuerlichsten und fadenscheinigsten „Gründe" und „Ausreden", warum er keine feste Bindung und Partnerschaft mit uns eingehen und führen kann. Oder warum er sich nicht mit uns treffen kann. Warum es jetzt gerade zeitlich überhaupt nicht passt. Warum wir gerade „keinen offiziellen Platz" in seinem Leben haben können. Obwohl wir ja indirekt oft doch eine ‚Beziehung' mit unserem Dual führen. Auch wenn ER das nicht so wirklich wahrhaben möchte. Aber als „Faktenprüfer" weiß der Kopfmensch eigentlich sehr genau was tatsächlich los ist.

Es besteht ein himmelweiter Unterschied zwischen „Bekanntschaft", reiner Freundschaft, einer „bloßen" Affäre oder einer inoffiziellen oder auch offiziellen Beziehung, Bindung und Partnerschaft.

Und auf eine reine Freundschaft oder Affäre sollten Sie sich mit Ihrem Dual auf keinen Fall einlassen, wenn Sie tatsächlich eine ernsthafte Bindung mit ihm anstreben. Hier müssen sehr deutliche Grenzen gesetzt werden. Da Ihr Dual sich sonst nicht weiterentwickeln kann. Und er auch Ihre Bedürfnisse, Sehnsüchte und Wünsche überhaupt nicht in seine Gedanken und Handlungen mit einbezieht.

Es ist schon völlig absurd, was sich die Kopfmenschen alles einfallen lassen. Nur um ihren Selbstschutz und Ihre Eigenbegrenzung aufrecht erhalten zu können.

Tatsächlich ist das alles aber überhaupt NICHT lustig!

Ist es im Gegenteil eigentlich ziemlich traurig, eine solche Angst vor der wahren Liebe zu haben. Gravierende Angst zu haben, sich in diese Liebe fallen zu lassen. Sich dieser Liebe hinzugeben. Seine Liebe offen zu zeigen. Sie bewusst zu spüren. Und sie auch zu leben.

Zärtlichkeit zu leben. Sie zuzulassen. Nicht nur wenn man intim miteinander ist. Sondern allgemein. Immer. Berührung zuzulassen. Emotionale und seelische Berührung. Aber gerade die innige und nahe emotionale und seelische Berührung macht den Kopfmenschen ja eine Himmelangst.

Weil sie sich irgendwann in der Vergangenheit schon einmal geöffnet haben. Und gravierend enttäuscht worden sind.

Und jetzt merken sie überdeutlich, dass die Herzensmenschen in der Lage sind, sie absolut zu durchschauen. Alles wahrzunehmen und zu spüren was die Gefühle und Emotionen betrifft. Und auch was die Fehler und die Schwächen der Kopfmenschen sind.

Und vor allem dass wir ihn TROTZ all seiner Fehler lieben wie er ist.

Hochsensiblen und hochsensitiven Herzensmenschen bleibt absolut gar nichts von ihrem Dual verborgen. Nicht die winzigste Gefühlsregung.

ALLES bekommen wir von unserem Dual mit. Und das ist ihm natürlich verständlicherweise irgendwie „unheimlich". Weil er es nicht kennt, so dermaßen durchschaut zu werden und absolut „gläsern" für uns zu sein.

- Einen einzigen Ausnahmefall gibt es da allerdings

Wenn der Herzensmensch oder auch der Kopfmensch irgendwann in seinem Leben auf einen Menschen mit der Borderline-Persönlichkeitsstörung trifft. Denn für diese Menschen sind die Nicht-Borderline Partner ebenfalls gläsern. Da sie einfach ALLES bei Menschen wahrnehmen die ihnen sehr nahe stehen. Und die sie permanent sehr bewusst 'manipulativ' spiegeln.

Es gibt immer wieder Menschen, die der ernsthaften Meinung sind, dass sie in „ihrem Borderliner" ihren Seelenpartner gefunden haben.

Was aber tatsächlich eher selten wirklich vorkommt. Eigentlich ist es in Wahrheit so, dass irrtümlicherweise angenommen wird, dass es sich bei diesem Menschen um ihren Seelenpartner oder sogar die Dualseele handelt. Derweil leidet dieser Mensch unter der Borderline Persönlichkeitsstörung. Und verhält sich aufgrunddessen äußerst „merkwürdig", eigenartig und massivst widersprüchlich.

Dies nennt man dann die „falschen" Seelenpartner. Dieser Mensch ist dann NICHT die echte Dualseele.

Ein Mensch mit der Borderline-Störung ist im Normalfall definitiv KEIN Seelenpartner. Aber selbstverständlich gibt es auch hier Ausnahmefälle. Dann muss aber sehr genau „geprüft" werden, inwieweit die Borderline-Stöung tatsächlich eine Rolle spielt. Und was der tatsächliche Unterschied zum wahren Seelenpartner – der Dualseele - ist.

Und wenn die Kopfmenschen eine solch schlimme Erfahrung in ihrem Leben gemacht haben und DANN auf ihre wirkliche echte Dualseele treffen – glauben sie natürlich erst recht nicht daran, dass sie mit einem Mal tatsächlich so sehr geliebt werden, WEIL sie so sind wie sie sind. Sie können dann erst recht erst einmal nur schlecht vertrauen. Und hinterfragen immer wieder die Liebe des Duals.

- Wenn er sein Herz öffnet

Und wenn er dann zu uns kommt, weil er es endlich zulassen kann sein Herz voll und ganz zu öffnen und uns seine Liebe offen zu zeigen, stellt sich heraus, was nach der Sehnsucht kommt. Was nach der Erfüllung kommt. Was es heißt, Normalität zusammen zu leben. Und diese Normalität zuzulassen. Sie auszuhalten. Sie anzunehmen. Und sie passieren zu lassen.

Dann erst stellt sich heraus, ob man wirklich zueinander gehört. Ob man fähig ist, tatsächlich beständig zusammenzuhalten. Und dauerhaft zueinanderzustehen. Was echten Mut von beiden Seiten bedeutet.

Denn dann beginnt ja die wunderbare Geschichte dieser so unendlichen, tiefen und wahrhaftigen Liebe erst einmal richtig. Bis hierhin war es ja sozusagen "nur" ein "Testlauf" von beiden Dualseelen.

Da Sie ja erst einmal zueinanderfinden mussten, um sich gegenseitig zu heilen.

- Seine Angst

Solange unser Dual noch in seiner Angst feststeckt, kann es allerdings vorkommen dass er uns trotzdem immer wieder abweist. Dass er sich immer wieder vor uns zurückzieht. Und er noch nicht für eine feste Bindung bereit ist.

Weil eine riesige Verlustangst ihn überfällt, dass wir wieder vor ihm flüchten könnten. Dass es uns vielleicht wieder zu viel oder zu eng wird. Dass wir die Intensität seiner Liebe wieder nicht ertragen und zulassen könnten. Und sie nicht aushalten. Dass wir es nicht schaffen bei UNS zu bleiben. Und gelassen und entspannt in uns selbst zu ruhen.

Dass wir nicht unabhängig genug von ihm sind. Und ihn vielleicht zu sehr ‚brauchen' könnten. Dass wir vielleicht nicht in der Lage sind uns emotional selbst um uns zu kümmern. Und uns unsere Bedürfnisse zu erfüllen, wenn er nicht immer für uns da sein kann.

Lieber flüchtet er wieder und verlässt uns, als dass er ertragen muss, irgendwann vielleicht von uns verlassen zu werden. So wie wir es in unserer Vergangenheit vielleicht mit anderen Partnern immer wieder gemacht haben. Er nimmt uns „vorsichtshalber" schon im Vorfeld unsere eigene eventuelle Flucht ab. Er geht auf Nummer sicher. Selbst wenn wir in der Realität niemals vor ihm flüchten würden. Und uns niemals von ihm abwenden würden. In ihm regiert immer noch eine gewaltige Angst. Und es dauert seine Zeit, bis er diese Angst überwinden kann.

Wozu natürlich sein freier Wille notwendig ist. Denn wenn Ihr Dual sich weigert an sich zu arbeiten, können Sie nichts, aber auch gar nichts dagegen tun!

Außerdem braucht er genügend Zeit und Raum, um an sich zu arbeiten. Und sich zu entwickeln.

Wenn wir genügend in uns selbst gefestigt sind, können wir ihm diesen Raum und diese Zeit auch guten Gewissens geben. Da wir uns während dieser Zeit ausschließlich um uns selbst kümmern werden. Wir werden uns selbst unsere Bedürfnisse, unsere Wünsche und Träume erfüllen. Und unsere Ziele für uns verwirklichen. Dazu „brauchen" wir ihn dann nicht mehr. Wir ‚brauchen' unser Dual dann nur noch als Ergänzung. Als Bereicherung für uns.

Weil er uns ganz einfach unendlich gut tut. Und wir uns unendlich wohl mit ihm fühlen. Weil diese Liebe einfach absolut grenzenlos ist.

Diese tiefe Seelenliebe hat unser gesamtes Sein vollständig geflutet. Sie hat uns vollkommen überwältigt. Sie hat unser ganzes Sein komplett aus den Angeln gehoben.

Wenn wir uns entwickelt haben und ganz bei uns selbst angekommen sind, sind wir ein vollkommen anderer Mensch, als noch vor dieser wunderbaren und einzigartigen Begegnung. Denn wir sind absolut und zu hundert Prozent bei UNS angekommen. Wir ruhen gelassen und entspannt in UNS selbst. Und beziehen auch unser Glück aus unserem Selbst.

Wir sind kraftvoller und innerlich ruhiger, als wir es jemals vorher waren.

Auch haben wir alles aus unserem Leben verbannt, was uns schadet und nicht gut tut. Und mit dem wir uns einfach unwohl fühlen. Wozu auch ganz bestimmte Menschen zählen. Die wir einfach nicht mehr brauchen. Da wir sie endlich emotional Loslassen konnten.

Unser Dual spürt all das natürlich auch. Oder er weiß es, weil wir ihm davon erzählen.

Was ihm unglaublich hilft, sich mit seinen eigenen emotionalen Defiziten zu befassen und an sich zu arbeiten. Denn wenn er weiß dass WIR es geschafft haben, uns durch ihn zu heilen, gibt ihm das unglaublich Antrieb und Kraft. Um ebenso geheilt zu werden.

So dass er sich uns dann vollkommen ohne Angst zuwenden und sich auf uns vollkommen und hingebungsvoll einlassen kann.

- Der ‚ultimative' Lerneffekt unseres Lebens

Unser Dual lehrt uns im wahrsten Sinne des Wortes die Liebe. Liebe zuzulassen. Liebe zu empfangen. Liebe einfach nur auszuhalten. In unserer eigenen Mitte zu bleiben. Bedingungslos. Ohne einzufordern. Und ohne aus ‚Bedürftigkeit' zu erwarten oder ‚haben' zu wollen.

Das hat mit der normalen „Herz-Liebe" wie wir sie bisher in unserem Leben kannten, überhaupt nichts zu tun. Diese Seelenliebe findet auf einer viel höheren Ebene statt. Was unsere Dualseele für uns tut, ist eigentlich der größte Liebesbeweis überhaupt.

Denn ER ‚verzichtet' für uns auf die Liebe und unterdrückt sie die ganze Zeit. Während WIR lernen und uns weiterentwickeln dürfen.

Denn ER fängt ja erst an - sofern er das auch wirklich WILL - an seiner Angst zu arbeiten, wenn WIR mit unserer Entwicklung so gut wie „fertig" sind. Und vollkommen bei uns selbst angekommen sind.

Wenn dieser Seitenwechsel zwischen den Dualseelen stattfindet, befinden wir uns ziemlich am Ende des ganzen Entwicklungsprozesses.

Vielleicht müssen wir noch das eine oder andere Puzzelteilchen geraderücken oder verschieben, damit sie sich mit den anderen perfekt ineinanderfügen. Aber im großen und ganzen ist das gesamte Puzzle unserer ‚Selbstfindung' fertig.

Natürlich müssen wir jetzt noch die Geduld aufbringen, unserer Dualseele die Zeit und den Raum zu geben, um ebenfalls in sich ‚ganz' zu werden.

Solange dürfen wir uns um uns selbst kümmern. Und dafür sorgen, nicht wieder zurück in unsere alten, emotional ‚bedürftigen' Muster und Konditionierungen zu fallen.

Wir dürfen vertrauensvoll und gelassen ganz in uns selbst ruhen.

10. Warum die hochsensible Seele so sehr leidet

- Auswirkungen der Seelenliebe

Die Begegnung mit unserem Seelenpartner - insbesondere die mit unserer Dualseele - ist eine der intensivsten und tiefsten Erfahrungen, die hochsensiblen Menschen in ihrem Leben passieren kann. Da sie uns an unsere persönlichen Grenzen und sogar darüber hinaus bringt.

Denn die Hochsensibilität sorgt dafür, dass sich alles was die Liebe an sich betrifft, noch viel schwerwiegender, dramatischer und nachhallender gestaltet, als bei nicht sensiblen Menschen.

Nur zwei andere Erfahrungen im Leben sind meiner Meinung nach hiermit annähernd vergleichbar. Das ist zum einen die Geburt des eigenen Kindes, und zum anderen wenn ein von uns geliebter Mensch aus dem Leben scheiden muss.

Durch die Erfahrung mit unserem Seelen-Dual wird unser gesamtes hochsensibles Sein vollkommen durcheinandergewirbelt. Wie im Schleudergang einer Waschmaschine. Absolut nichts mehr im Leben ist so wie es vorher war, wenn wir am Ende unseres Entwicklungsweges ganz in unserer eigenen Mitte angekommen sind.

Solange unser geliebtes Dual noch in seinen massiven Ängsten gefangen ist und auch noch nicht bereit ist an sich zu arbeiten - weil er vielleicht noch überhaupt nicht seine eigenen Fehler die er permanent macht erkennt, oder sie auch gar nicht erkennen WILL - ist es für hochsensible Herzmenschen die nach wie vor in ihren Gefühlen fast ertrinken - kaum zu ertragen mit anzusehen, wie ihr geliebtes Dual sich seelisch und körperlich kaputt schuftet.

Nur um seine Gefühle wegzudrücken und nicht spüren zu müssen.

Und natürlich auch, weil er beruflich absolut verantwortungsbewusst ist. Und nicht "nein" sagen kann, wenn ihm etwas deutlich zu viel wird. Auch das ist natürlich ein Grund für seine immense Überlastung.

- Nicht alles ist emotionale ‚Bedürftigkeit'

Auch wenn vieles aus dem Verhalten aus unserer Vergangenheit, auf inneren emotionalen Mangel der Herzensmenschen zurückzuführen ist, darf und kann man noch lange nicht alles nur auf eine emotionale ‚Bedürftigkeit' schieben.

Und als "Ausrede" dafür herhalten lassen, wenn der Kopfmensch immer wieder flüchtet und sich zurückzieht. Und somit diese tiefe Liebe permanent mit Füßen tritt.

Es ist nicht alles die "Schuld" der Herzensmenschen.

Gerade die Hochsensibilität - vor allem wenn sie sehr extrem ausfällt - macht ihnen mitunter einen gewaltigen Strich durch die Rechnung. Weil dadurch subjektiv empfundene "Weltuntergangsstimmung" entstehen kann, wenn sie sich nicht genügend geliebt, beachtet und geachtet fühlen. Hochsensible Herzmenschen brauchen das Gefühl geliebt zu werden, für ihr eigenes Wohlbefinden wie die Luft zum atmen.

ER - der Kopfmensch - hat gravierende Angst sich zu öffnen.

Und ER will sich lange Zeit - wenn überhaupt - nicht auf eine feste Bindung einlassen. Das hat auch etwas mit SEINEM freien Willen zu tun.

Und nicht immer auschließlich nur mit emotionaler ‚Bedürftigkeit' der Herzmenschen. Die lediglich ihre Gefühle ausleben wollen.

Wobei der "freie" Wille ja eigentlich Angstbelastet ist. Und ob man so wirklich noch von einem "freien" Willen des Kopfmenschen sprechen kann, sei dahingestellt.

Eine hochsensible Seele hat immens schwer mit sich zu kämpfen, wenn sie nicht die Liebe von ihrem Dual zurückbekommt, die sie sich von ihm so sehr aus tiefstem Herzen wünscht. Eine hochsensible Seele kann diese Erfahrung an den Rand der Verzweiflung bringen. Wenn ihre Liebe wieder und wieder abgewiesen und somit blockiert wird. So dass die Liebe und Energie zwischen beiden Dualseelen nicht frei fließen kann.

Da die hochsensible und vor allem auch die hochsensitive Seele ja ganz genau sieht und es eindeutig spürt, dass sie von ihrem Dual sehr wohl genauso tief und innig geliebt wird. Dass er diese Liebe aber ständig unterdrückt und immer wieder verleugnet und von sich schiebt.

Immerhin fühlen wir ja oft SEINE Gefühle. Und übernehmen sogar teilweise SEINE Gedanken.

Man kann die wiederholte Flucht des Kopfmenschen nicht in jedem Fall nur auf einen "gestörten" Energiefluss zwischen den beiden Dualseelen zurückführen.

Niemals sollte man alle Dualseelen miteinander vergleichen. Und grundsätzlich alle einfach so über einen Kamm scheren. Auch wenn der Dualseelenprozess an sich und auch dessen unterschiedliche Phasen bei allen Dualseelen-Paaren gleich abläuft.

Jedes Dualseelen-Paar ist aber für sich trotzdem einzigartig.

Und jeder Kopfmensch ist schließlich anders und auch jeder Herzensmensch ist individuell.

Und jeder hat seine ureigene Geschichte.

Auch wenn hier immer wieder von alten und besonders starken Seelen die Rede ist, sind wir alle doch in erster Linie Menschen. Und zwar absolut vielfältige und unterschiedliche. Die denken, die fühlen und die nach ihren Gedanken und Gefühlen handeln.

Die hochsensiblen Gefühlsmenschen handeln eben nach ihrem Herz und nach ihrer Intuition, während der flüchtende Kopfmensch viel zu viel denkt. Und dementsprechend auch nach seinem Verstand handelt. Auch wenn ihm dies vielleicht gar nicht so sehr bewusst ist. Und er dies gegebenenfalls sogar verleugnen würde, wenn man ihn auf sein permanentes Flucht-Verhalten anspricht.

Von Kindesbeinen an wurden wir alle konditioniert und mit Glaubenssätzen versehen.

Und der "verkopfte" und rational denkende Verstandesmensch kann gar nicht anders, als sich nach seinem Denken zu verhalten. Ganz einfach, weil er es so gelernt hat. Dies ist SEIN angstbehaftetes Muster. Aus dem er sich nur dann lösen kann, wenn er das auch wirklich will. Und es dann auch aktiv TUT.

ER muss HANDELN.

Solange ER nicht aktiv HANDELT, wird auch der emotional NICHT mehr bedürftige hochsensible Herzensmensch fürchterlich leiden. Und fast daran zugrunde gehen.

Ganz einfach, weil es gerade für hochsensible und hochsensitive Herzensmenschen unglaublich und unbeschreiblich schwer ist, diese tiefe und intensive Liebe einfach nur AUSZUHALTEN. Und nichts mit dieser Liebe zu tun.

Einfach nur bei SICH zu bleiben. Nicht von sich 'wegzugehen', sondern unerschütterlich in sich selbst zu ruhen.

Genau dies zu lernen ist unfassbar schwer für einen hochsensiblen

Menschen. Wenn er das aus seinem früheren Leben so nicht kennt.

Weil er so etwas ja noch niemals vor der Begegnung mit seinem Seelen-Dual erlebt hat.

Diese wahrhaftige, tiefe und reine Seelenliebe zu unserem Dual einfach nur passiv AUSZUHALTEN - und nichts aktiv damit zu tun - bringt einen als hochsensiblen (und hochsensitiven) Menschen absolut an die eigenen Grenzen.

Denn eine sensible Seele ist per se zutiefst verletzbar. Auch wenn sie noch so stark ist.

- Und immer wieder Tests

Immer wieder stellen wir fest, dass sowohl das Leben, als auch unser Dual uns wiederholt testet. Es wird getestet ob wir uns tatsächlich weiterentwickelt haben, oder ob wir wieder in unsere alten Muster zurückfallen. Oder auch ob wir die Grenzen die wir gesetzt haben selber einhalten (können) und nicht wieder 'weich' werden.

Manchmal testet unser Dual uns sicherlich auch ganz bewusst.

Einfach um auszuprobieren, ob wir unseren eingeschlagenen Weg auch einhalten. Oder ob wir doch wieder davon abweichen. Ob wir bereits gelassen in uns ruhen können, oder ob wir gefühlsmäßig noch überreagieren wenn er entsprechend handelt.

Oft passiert dies sicherlich aber auch unbewusst. Als "automatische" Reaktion auf eine Aktion von uns.

Dass unser Dual uns testet, erkennen wir auch manchmal daran, dass er sich absolut widersprüchlich in dem verhält was er sagt, und was er tut.

Auch wenn das uns Herzensmenschen überaus verletzt und

emotional schmerzt. Und immense Zweifel an seiner Liebe in uns hochkriechen lassen kann.

Wenn wir genau hinsehen, dient uns aber auch das wieder unserer Weiterentwicklung. Alles hat seinen Sinn so wie es passiert. Auch unser Dual lernt schließlich aus UNSEREM Verhalten mit.

ER kann sich nur verändern, indem WIR uns ändern.

Letztendlich zählt auch nicht dass was er zu uns sagt, sondern ausschließlich das was er für uns TUT!

Denn seine Liebe wird immer in der Handlung für uns sichtbar.

Außerdem bekommen wir immer nur das vom Leben "aufgebürdet", was wir auch ertragen können. Und womit unsere sensible Seele auch fertig werden kann. Was sie verarbeiten kann. Und was sie für ihre Weiterentwicklung braucht. An den Dingen die wir im Leben zu verkraften haben, sehen wir sehr deutlich, wie stark unsere sensible Seele tatsächlich ist. Denn oft verkraften wir sehr viel mehr als wir glauben und als es Anfangs wirkt.

11. Wie wir bei uns selbst ankommen

Das wichtigste überhaupt ist zuallererst einmal, dass wir uns innerlich komplett heilen.

Dass wir jeglichen emotionalen und seelischen Schmerz, jegliche erlittene Verletzung und Enttäuschung, jegliches nicht verarbeitete Trauma in uns, vollständig eliminieren. Und unsere überaus sensible Seele heilen.

Dass wir jegliche Belastungen und Dinge die wir in unserem Leben nicht mehr brauchen komplett abschließen, Loslassen und hinter uns lassen. Damit wir ganz im Hier und Jetzt ankommen können. Denn nur so schaffen wir es, ganz gelassen und entspannt in unserer eigenen Mitte zu sein. Und in uns selbst zu ruhen.

Indem wir Eigenverantwortung übernehmen. Und uns auf UNS SELBST konzentrieren. Uns nicht mehr von den Bewertungen oder Meinungen anderer beeinflussen lassen.

Konzentrieren Sie sich ausschließlich auf die Dinge die Sie WIRKLICH wollen! Und die Ihnen WIRKLICH gut tun! Und mit denen Sie sich WIRKLICH wohl fühlen!

Verbiegen Sie sich nicht mehr für andere. Die tun das schließlich auch nicht für Sie! Und lassen Sie von den Dingen ab, die Sie in Ihrem Leben NICHT für sich wollen!

Seien Sie emotional unabhängig! Und lassen Sie sich vertrauensvoll ins Leben fallen. In IHR Leben!

Folgende Fragen sind wichtig, damit Sie in Ihre innere Mitte finden:

- ♥ Was sind Sie sich selbst wert? Auf welchem Level auf einer Skala von 1 – 10 ist Ihr Selbstwertgefühl?
- ♥ Wie lange wollen Sie das wirklich ertragen, immer wieder von Ihrem Dual weggestossen und zurückgewiesen zu werden?
- ♥ Wollen Sie Ihr Leben wirklich in „Warte-Stellung" verbringen?
- ♥ Warum lassen Sie sich von Ihrem Dual so vieles gefallen ohne sich dagegen zu wehren?
- ♥ Warum darf er Sie immer wieder enttäuschen und verletzen?
- ♥ Lieben Sie Ihn WIRKLICH absolut bedingungslos? Ohne jede
Erwartung dass etwas von ihm zurückkommt, wenn Sie ihm Ihre Liebe ‚geben'? Oder verharren Sie ‚wartend' in der Hoffnung?
- ♥ Nehmen Sie ihn WIRKLICH so an wie er IST? Darf er bei Ihnen einfach nur SEIN?
- ♥ Warum fällt es Ihnen so schwer sich auf SICH selbst zu konzentrieren, anstatt die Aufmerksamkeit permanent auf IHN zu lenken? Da er das ja offensichtlich auch nicht tut? ER konzentriert sich ja auch die ganze Zeit auf SICH! Und kontrolliert seine Gefühle, um sie nicht spüren zu müssen. Und vergräbt sich deshalb in seine Arbeit.
- ♥ Warum „verfolgen" Sie ihn und „betteln" um seine Aufmerksamkeit und Liebe, wenn er doch in Wahrheit nicht vor IHNEN als Person flüchtet, sondern ausschließlich vor seinen eigenen Gefühlen? Wogegen SIE sowieso nichts machen ?!
- ♥ WARUM fühlen Sie sich eventuell nicht gut genug?

Sie können nur bei sich selbst ankommen und in Ihre eigene Mitte finden indem Sie Ihre Aufmerksamkeit und Konzentration ganz bewusst von Ihrem Dual abziehen. Und sich auf SICH konzentrieren.

1. Er muss deutlich spüren, dass Sie nicht bereit sind, sich alles von ihm bieten zu lassen.
2. Er muss deutlich spüren, dass Sie in der Lage sind, sich um sich selbst zu kümmern.
3. Er muss alleine lernen, dass er nicht auf Dauer vor seinen eigenen Gefühlen flüchten kann. Da diese ihn immer begleiten. Egal was er auch tut und wo er sich befindet. Irgendwann manifestieren sich diese unterdrückten Gefühle als Krankheitssymptome in seinem Körper. Und er verliert seine ganze Kraft und Energie. Er muss aber selbst lernen, sein Herz vollkommen zu öffnen. Die Kontrolle Loszulassen. Und seine Liebe für Sie absolut und bedingungslos zuzulassen. Das können NICHT Sie für ihn übernehmen. Übernehmen Sie lieber Eigenverantwortung. Und kümmern Sie sich ausschließlich um sich selbst. Wenn Ihr Dual Sie wirklich will, muss ER zu Ihnen kommen. Und das wird er auch tun, wenn er dazu bereit ist. Und wenn es so sein soll, dass Sie eine feste Bindung und Partnerschaft miteinander eingehen. Wenn dies nicht sein soll, weil vielleicht andere Dinge in Ihrem Leben für Sie vorgesehen sind, können Sie sowieso nichts daran ändern. Sie können es nicht erzwingen, dass er sich mit einer festen Bindung auf Sie einlässt. Das muss absolut und vollkommen freiwillig von ihm kommen. Oder würden Sie sich von jemandem in eine Beziehung „zwingen" lassen, wenn Sie gravierende Angst davor hätten sich komplett zu öffnen, sich fallen zu lassen, sich darauf einzulassen und sich mit Ihren Gefühlen vollkommen diesem Menschen hinzugeben...? Eben...! Denken Sie immer daran, dass Ihr Dual nur aus einer massiven Angst heraus so handelt wie er es tut!

Bleiben Sie deshalb vollkommen bei SICH selbst!

- ♥ Wen oder was brauchen Sie wirklich in Ihrem Leben?
- ♥ Was ist Ihnen wirklich wichtig, auf was können Sie definitiv nicht verzichten?
- ♥ Mit wem oder mit was fühlen Sie sich wirklich wohl?
- ♥ Wer oder was erfüllt, bereichert, inspiriert und motiviert Sie wirklich?
- ♥ Für was stehen Sie jeden Morgen wirklich liebend gerne auf?
- ♥ Was sind Ihre wahren Interessen, Sehnsüchte, Wünsche, Träume, Visionen und ureigenen Bedürfnisse? Auf was davon können Sie keinesfalls verzichten?
- ♥ Wer oder was hindert Sie daran sich all das SELBST zu erfüllen?
- ♥ Warum „warten" Sie und HANDELN nicht?
- ♥ Mit wem oder mit was fühlen Sie sich wirklich glücklich?
- ♥ Wen oder was brauchen Sie um sich innerlich wirklich zufrieden, entspannt und vollkommen gelassen zu fühlen?
- ♥ Wer oder was zaubert Ihnen ganz automatisch ein Lächeln auf Ihre Lippen und ein Funkeln und Leuchten in Ihre Augen?

12. Was Seelenbegegnungen uns sagen wollen

Die Begegnung zweier zusammengehörender Seelen ist immer ein sehr tiefgreifender und bleibender Prozess. Egal wie lange eine solche Seelenbegegnung dauert.

Sie passiert plötzlich. Und absolut unerwartet. Vielleicht nur ein einziges Mal. Und dauert vielleicht nur ein paar Minuten. Oder auch wenige Stunden.

Und wenn wir ganz großes Glück haben, dürfen wir viele Jahre mit unserem Seelenpartner gemeinsam verbringen.

Aber egal wie lange eine Seelenbegegnung dauert, sie ist immer geprägt von einer so tiefen (Selbst-) Erkenntnis, dass sich dadurch unser Leben nachhaltig verändert. Vorausgesetzt wir beschäftigen uns ganz bewusst damit.

Unsere seelische und persönliche Entwicklung macht dann einen urgewaltigen Quantensprung nach vorne.

Vorausgesetzt wir erkennen den SINN dieser Seelenbegegnung in unserem Leben.

Denn es hat IMMER einen Sinn für uns selbst, wenn wir einer zu uns ‚gehörenden' Seele - einem zu uns perfekt passenden Menschen - begegnen.

Wir spüren sofort das besondere an einer solchen Begegnung. Sie flutet unser gesamtes sensibles Sein.

Wir reagieren auch körperlich darauf. Wir spüren diese Energie regelrecht in uns. Selbst dass es vielleicht nur ein paar Minuten sind, die uns mit dieser einen bestimmten Seele vergönnt sind, spielt dabei keine Rolle. Wenn sich die Augen zweier solcher eigentlich „fremden" Menschen irgendwo begegnen, und vollkommen – die

Zeit vergessend - ineinander versinken, und das Lächeln des anderen uns so vertraut erscheint, als ob wir diesen Menschen bereits lange Zeit kennen, berührt das unser Innerstes zutiefst. Auch das Erkennen, dass der andere genauso 'erschüttert', erstaunt und berührt von dieser intensiven Begegnung ist, wie wir selbst, ändert nichts an dieser Tatsache. Das kann sogar so weit gehen, dass wir uns danach vollkommen ‚verstört' fühlen. Und in anhaltende heftige Weinkrämpfe verfallen. Weil wir erst einmal nicht begreifen, was da gerade mit uns geschehen ist. Mit einem ganz „normalen" fremden Menschen würde so etwas auf diese Art und Weise niemals passieren.

Spirituell denkende Menschen gehen davon aus, dass diese Seelen aus einem oder vielen Vorleben miteinander verbunden sind. Und sie diese vorherigen Leben bereits in irgendeiner Form miteinander verbracht haben.

Und sich deshalb wieder erkennen und sich so vertraut sind.

Auf der rein menschlichen Ebene ist das aber einfach so, dass wir in den Augen des anderen UNS SELBST - bzw. eine Facette unseren eigenen Selbst – erkennen.

Weil uns jegliche Begegnung dieser Art als kristallklarer Spiegel dient. Als Spiegel für unser eigenes Selbst.

Es zeigt uns die „blinden Flecke" des eigenen Seelenlebens. „Blinde Flecke" die wir sonst nicht sehen und erkennen würden.

Es zeigt uns beispielsweise unerfüllte Sehnsüchte und Wünsche. Wichtige unerfüllte Bedürfnisse die wir in uns tragen. Vielleicht Dinge, die uns in einer bestehenden Beziehung und Partnerschaft bzw. vom Partner verwehrt sind.

Oder eine solche Begegnung – wie die mit unserer Zwillings-, und erst recht mit unserer Dualseele – bringt all unsere seelischen

Verletzungen und erlittenen Traumata an die Oberfläche. Sie zeigt uns, wie sehr wir in unseren alten und unpassenden Konditionierungen, Verhaltens- und Beziehungsmustern feststecken. Sie bringt die negativen Glaubenssätze in uns ans Tageslicht. All unsere seelischen Unzulänglichkeiten und emotionalen Schmerzen werden in uns wachgerufen. Und zwar in einer solchen Intensität und mit einer solch unglaublichen Wucht, dass wir gar nicht mehr wissen, wo oben und unten ist. Plötzlich bekommen wir am eigenen Leib zu spüren, dass wir eigentlich überhaupt nicht wissen, was wahre Liebe eigentlich wirklich bedeutet. Dass wir bisher nur GEGLAUBT haben, dass wir tatsächlich lieben. Aber dass wir überhaupt nicht in der Lage waren, wahrhaftig zu lieben. Und schon gar nicht bedingungslos. Und ohne jegliche Erwartungen.

Weil wir bisher immer nur Liebe ‚haben' wollten. Und zwar aus unserem massiven Mangel-Denken heraus. Wir wollten geliebt werden. Und wollten permanent Beweise dafür. Und unsere bisherigen Partner konnten uns das nicht geben. Weil sie selber gravierende Mängel in sich getragen haben. Und aus ihren eigenen Konditionierungen heraus gehandelt haben.

All dies wird durch Seelenbegegnungen gewaltsam in uns wachgerüttelt. Und wir sind gezwungen, uns damit auseinanderzusetzen.

Seelenbegegnungen finden immer dann statt, wenn unsere eigene Seele sich weiterentwickeln will. Wenn sie etwas lernen will. Zusammengehörende Seelen ziehen sich immer gegenseitig an. Da sie füreinander bestimmt sind.

Seelenbegegnungen sind in jedem Fall immer ein unbeschreiblich wertvolles und kostbares Geschenk vom Leben an uns.

Dass es sich tatsächlich um eine Seelenbegegnung handelt, erkennen wir daran, dass uns auch eine kurze und intensive Begegnung innerlich nicht mehr loslässt. So oft wir dies auch versuchen. Immer wieder zieht es uns auch nach längerer Zeit, gedanklich und auch mit unseren Gefühlen, zu diesem Menschen - zu dieser besonderen Seele - hin.

Bedeutet mit anderen Worten, wir sollten an uns selbst arbeiten. Uns all dies was der andere uns spiegelt, versuchen selbst zu erfüllen.

Für eine sensible Seele ist eine solche Begegnung äußerst irritierend. Weil sie so unglaublich intensiv und berührend ist. Und die tiefste Ebene des Seins durchdringt.

13. Wenn Seelenbeziehungen uns belasten oder sogar schaden

Auch wenn es Seelenbeziehungen sind, kann es vorkommen dass wir sehr deutlich wahrnehmen und spüren, dass der Seelenpartner uns absolut überhaupt nicht gut tut.

Und trotzdem lassen wir uns vieles einfach gefallen, ohne uns dagegen zu wehren. Und ohne klare Grenzen zu setzen. Was aber enorm wichtig ist. Denn als hochsensible Herzensmenschen wollen wir ja vom anderen achtsam und respektvoll behandelt werden.

Das ist auch der eigentliche Grund, warum es oft zu immensen Schwierigkeiten, Unstimmigkeiten, Streitereien und Missverständnissen kommt. Weil keine klaren Grenzen existieren.

Seelenbeziehungen und auch ganz "normale" Beziehungen schaden uns immer dann, wenn wir nicht bei **uns** bleiben. Sondern aus unseren Konditionierungen heraus handeln. Und uns selbst dabei verlieren. Weil wir nicht genug auf unser Selbst acht geben.

Wenn wir uns aus einer massiven Verlustangst heraus permanent nur für den anderen verbiegen, und uns selbst dabei sträflichst vernachlässigen, ist das ein überaus deutliches Zeichen dafür, dass wir in alten Mustern und Verstrickungen festhängen.

Und natürlich tut das hochsensiblen Menschen die absolut mit ihren Gefühlen verbunden sind, überhaupt nicht gut!

Auch wenn die Rollen der Seelenpartner insoweit vertauscht sind, dass das weibliche Dual sich nicht in seiner kraftvollen Weiblichkeit befindet, und das männliche Dual bisher nicht wirklich 'Mann' sein durfte, ist das eigentlich fatal.

Diese Rollenvertauschung kann sich übrigens durchaus auch bei

Zwillingsseelen spiegeln.

Das merken wir insbesondere daran, wenn unser männlicher Zwilling nicht imstande ist, Entscheidungen zu treffen. Und klare Ansagen zu machen. Er lässt sich vom weiblichen Zwilling absolut umsorgen und "bemuttern" - und kann keine emotionale Verantwortung übernehmen.

Als weiblicher Seelenzwilling weiß man nie, woran man bei einem solchen Mann ist.

Auch spüren wir sehr deutlich, dass wir von unserem männlichen Seelenzwilling nicht das bekommen, was eigentlich 'normal' sein sollte. Nämlich dass der Mann vollkommen gelassen und entspannt in seiner Ur-Männlichkeit ruht.

Und ER derjenige ist, der seinen weiblichen Seelenzwilling erobern und umwerben sollte.

Dieser männliche Seelenzwilling will immer nur Liebe haben. Er nimmt passiv die Liebe die wir ihm geben und nimmt und nimmt und nimmt.

Aber er selbst gibt nicht wirklich aktiv. Oder nur sporadisch, wenn er "gerade Lust dazu hat". Weil er es anders einfach nicht kann. Zu tief ist auch er in diesen Fällen in seinen Ängsten und alten Mustern verstrickt.

Auch besitzt er sehr oft keine männliche Zuversicht. So wie die Kopfmenschen der Dualseelen das sehr wohl tun.

Ein emotional „schwacher" Seelenzwilling kann absolut kein ‚Fels in der Brandung' in einer Beziehung sein. Selbst wenn man sich in einer Beziehung mit ihm befindet.

Es gibt männliche Seelenzwillinge, die ‚kümmern' sich trotz einer

Beziehung nicht wirklich um ihren weiblichen „Zwilling". Alles andere ist ihnen wichtiger. Sie ruhen in keiner Weise in sich selbst, sondern lassen einfach nur die „Puppen tanzen". Und genießen ihr Leben in vollen Zügen. Und laufen dabei ihren eigenen seelischen und emotionalen Defiziten, die sie auch oft viele Jahre lang in sich tragen, immer wieder davon. Auf einen solchen Seelenzwilling ist überhaupt kein Verlass.

Auch gibt es Zwillingsseelen die lügen ständig wie gedruckt. Nur um vermeintlich gut dazustehen.

Auch kommunizieren sie oft in Double-Binds. Das bedeutet dass das was sie sagen und was sie tun, in ständigem Widerspruch zueinander steht.

Beim männlichen Dual ist das anders.

Als weibliches Dual spüren wir sehr deutlich, dass dieser Mann es überaus genießt jetzt endlich 'Mann' sein zu dürfen. Allerdings muss man gegenseitig lernen, anzunehmen und zuzulassen was vom anderen kommt.

Wir müssen lernen, zu ‚empfangen' was unser Dual uns gibt. Nur so kommen wir in die Fülle. Und somit in die Erfüllung.

Und wir müssen lernen, unserem Dual zu ‚geben' ohne etwas von ihm zurück ‚haben' zu wollen.

Für hochsensible und emotional sensible Menschen ist die Liebe per se essentiell und existenziell wichtig.

Und eine Seelenbeziehung gibt uns so viel mehr als eine vollkommen "normale" Beziehung und Partnerschaft.

Wobei eine ganz "normale" Beziehung und Partnerschaft deshalb nicht schlechter ist. Es fühlt sich nur vollkommen anders an.

Und auch die Liebe ist eine andere.

Da sie auf einer vollkommen anderen Ebene existiert. Die Art der Liebe ist völlig unterschiedlich. Nicht vergleichbar.

Die Zwillingsseele kann zwar die große Liebe für uns sein und wir empfinden eine Leidenschaft die wir vorher noch nicht kannten. Aber die Liebe zu unserer Dualseele toppt wirklich alles.

Sie übersteigt sogar die Liebe zu unseren eigenen Kindern. Beziehungsweise fühlen wir sie auf einer vollkommen anderen Ebene.

Denn diese tiefe allumfassende Liebe ist nun einmal absolut einzigartig.

Diese Liebe steht definitiv vollkommen außer Konkurrenz. Für keinen anderen Menschen werden wir jemals stärkere Gefühle haben. Oder auch nur annähernd gleich. Die Liebe zu unserer Dualseele ist mit NICHTS zu ersetzen.

Ein anderer Mensch wäre somit immer nur eine schwächere und ersatzlose „Kopie" von unserem geliebten Original - Dual.

Was nicht heißen soll dass eine Beziehung mit einem anderen Menschen nicht funktionieren würde. Natürlich könnten wir auch mit einem anderen Menschen „irgendwie" glücklich sein. Und harmonisch miteinander leben. Aber die Gefühle für einen anderen Menschen wären eben nicht annähernd gleich, wie die zu unserer Dualseele. Beziehungsweise würde eine solche Liebe auf einer vollständig anderen Ebene ablaufen.

Selbst sexuell kann es passieren, dass gerade weibliche Dualseelen – wenn sie ihr geliebtes Dual aus irgendwelchen Gründen niemals wirklich für eine feste Bindung ‚haben' können, nicht mehr imstande sind sich auf einen anderen Mann einzulassen. Weil auch diese

Gefühle absolut nicht mehr zu toppen sind, die das Dual in ihnen auslöst.

Die Zwillings- und erst recht die Dualseele, wird auf jeden Fall einer der wichtigsten – oder sogar DER wichtigste Mensch überhaupt - in Ihrem Leben sein.

Wenn Sie überdeutlich spüren, dass es Ihnen nicht gut tut dass Ihr Dual Sie permanent von sich stösst, sich von Ihnen distanziert und auf Sicherheitsabstand geht, wenn er Ihre Liebe immer wieder mit Füßen tritt, wenn er seine Liebe zu Ihnen verleugnet, von sich schiebt und sich Ihnen verweigert, dann ziehen Sie sich ebenfalls von Ihrem Dual zurück!

Nur so kann die Energie sich umkehren. Nur wenn Ihr Dual sehr deutlich spürt, dass Sie sich emotional unabhängig von ihm verhalten, kann er auf Sie zukommen.

Sobald Sie deutlich spüren, dass Ihnen irgendetwas was Ihren Seelenpartner / Ihre Dualseele betrifft NICHT gut tut und Sie sich unwohl dabei fühlen, treten Sie zurück und setzen Sie liebevolle aber konsequente Grenzen! Und dann kümmern Sie sich ausschließlich um SICH!

14. Warum die Suche nach dem Seelenpartner nicht funktioniert

Als ‚Seelenpartner' bezeichnen wir Menschen, mit denen wir uns seelenverwandt fühlen. Weil sie in uns etwas berühren. Und eine tiefe Sehnsucht in uns stillen.

Viele Menschen wünschen sich von ganzem Herzen, ihren Seelenpartner für sich zu finden. Und mit ihm bis ans Ende ihrer Tage eine glückliche Beziehung oder Partnerschaft zu führen. Leider ist es aber tatsächlich so, dass Sie Ihren Seelenpartner nicht aktiv suchen können. Auf diese Weise werden Sie ihn niemals finden.

Denn Seelenpartner – und insbesondere Dualseelen – treffen genau dann aufeinander, wenn der richtige und passende Augenblick ihrer seelischen Entwicklung gekommen ist.

Im genau passenden Moment wird Ihr Seelenpartner bzw. Ihre Dualseele in Ihrem Leben auftauchen. Und Sie werden sich dann auch erkennen.

Sie können sich nicht verfehlen!

Denn genau davor haben ebenfalls viele Menschen Angst. Ihren Seelenpartner können Sie aber nicht verpassen. Da können Sie ganz beruhigt sein. Da er Ihnen vorherbestimmt ist. Er soll Ihnen ja bei Ihrer seelischen Weiterentwicklung behilflich sein. Dafür wird er Ihnen geschickt.

Wenn Sie unbedingt darauf aus sind – weil dieses Thema in aller Munde ist – Ihren Seelenpartner in Ihr Leben zu ziehen, wird Ihnen das trotzdem nicht gelingen, wenn Sie sich im „Warte-Modus" auf diesen EINEN Menschen befinden.

Echte Seelen-Liebe kann man nicht „erzwingen". Man kann sie

nicht forcieren.

Wir bekommen sie genau dann vor unsere Nase gesetzt, wenn es ganz genauso sein soll. Und dagegen können wir uns auch nicht wehren. Wir können nicht dagegen ankämpfen, wenn sie uns dann doch zuviel werden sollte. Weil wir sie nicht aushalten.

Seelenliebe werden wir nicht wieder los!

Wenn die echte und bedingungslose Seelen-Liebe einmal in unser Leben Einzug gehalten hat, dann wird sie uns für den Rest unseres Lebens begleiten.

Vollkommen egal ob Sie nun eine reine Freundschaft mit Ihrem Seelenpartner haben, eine „bloße" Affäre eingehen um ihn nicht wieder zu verlieren, eine Beziehung gleich welcher Art mit ihm führen oder vielleicht aus irgendwelchen Gründen den „irdischen" Kontakt zueinander doch wieder verlieren.

Die Seelen-Liebe an sich wird Sie von nun an immer begleiten.

Ihr Seelenpartner wird genau dann in Ihrem Leben auftauchen, wenn Sie mit absoluter Sicherheit überhaupt nicht damit rechnen. Diese Begegnung wird Sie regelrecht „überfallen". Diese Begegnung wird Ihr Inneres und Ihr gesamtes Sein vollständig fluten.

Sie können weder Ihren Seelenpartner – Ihre Dualseele – suchen, noch werden Sie einen „normalen" Partner gerade dann finden wenn Sie sich aktiv und vielleicht sogar verzweifelt darum bemühen. Das ist ganz einfach das Gesetz der Resonanz. Sie bekommen genau den Menschen mit den Attributen „vor die Nase gesetzt" – die Sie nach außen hin ausstrahlen.

Passende Seelen ziehen sich immer gegenseitig an. Und verbinden sich automatisch mit den Menschen und den Seelen, von denen sie etwas lernen können.

'Seelenpartner' gehen dann mit uns in Resonanz, wenn sie dieselben oder ähnliche Strukturen und Schwingungen besitzen wie wir selbst.

Wenn man das jetzt auf die rein menschliche Ebene überträgt, sind das ganz einfach Personen, die dieselben oder ähnliche Erfahrungen, Denk-, Verhaltensmuster und Konditionierungen wie wir selbst aufweisen. Und deshalb ganz besonders gut zu uns passen. Eben weil sie gleich sind wie wir oder weil sie uns in ihrem Gegensatz perfekt ergänzen.

Sehr spirituell veranlagte Menschen gehen davon aus, dass Seelenpartner und insbesondere Dualseelen sich aus vorigen Leben kennen.

Und deshalb untrennbar über Leben hinweg miteinander verbunden sind. Daher auch die tiefe, innige, wahrhaftige und allumfassende Liebe zwischen den Seelenpartnern.

So ist auch das undefinierbare und oft über viele Jahre lang anhaltende quälende Gefühl in uns erklärbar, dass uns 'irgendetwas' elementares fehlt im Leben. Bevor wir dann zum passenden Zeitpunkt tatsächlich auf unseren Seelenpartner, die Dualseele treffen.

Das Gefühl der unergründlichen Leere und dem ungestillten Hunger in uns, löst sich damit wundersamerweise in Nichts auf. Weil dann die ewige Suche nach dem "Mysterium" ein Ende hat.

Manche Menschen sind tatsächlich der Meinung dass es mehrere Dualseelen für einen Menschen gibt. Dem ist definitiv NICHT so. Unsere Dualseele ist einzigartig. Und gibt es für uns nur ein einziges Mal auf dieser Erde. Immerhin sind wir gemeinsam wie das Yin und Yang Zeichen. Die perfekt gegensätzliche Ergänzung zueinander. In beiden Dualen ist immer auch ein kleines Stück des anderen Duals. Und da diese Verbindung zweier zusammengehörender Seelen nun einmal so einzigartig und besonders ist, kann man diese Begegnung niemals bewusst forcieren. Das ist unmöglich.

Selbst wenn Sie sich das noch so sehr wünschen.

Allerdings kündigt sich Ihre Dualseele mit Synchronizitäten und ‚Zeichen' in Ihrer äußeren Umgebung eventuell schon jahrelang vorher an. Was aber meist erst im Rückblick gesehen dann bewusst erkannt wird. Und im Augenblick nicht zu sehen ist. Vor allem dann nicht, wenn Sie gar nicht wissen dass es so etwas wie Ihre Dualseele überhaupt gibt.

Obwohl Sie sie womöglich trotzdem über viele Jahre lang vorher spüren. Allerdings wissen Sie dann nicht, dass dieses unerklärliche und diffuse Gefühl in Ihrem Leben auf Ihre Dualseele bezogen ist. Sie spüren dann immer nur, dass Ihnen „irgendetwas" elementares fehlt im Leben. Können es aber nicht für sich definieren.

15. Anzeichen einer Seelenbeziehung

Anhand folgender Aussagen können Sie sehr gut nachvollziehen, ob Ihre Dualseele sich in Ihrem Leben befindet. Im Endeffekt besitzen Sie aber gerade als hochsensibler Mensch ein tiefes inneres WISSEN darüber, dass es sich bei dem anderen tatsächlich um Ihre Dualseele handelt. Sie SPÜREN es mit jeder Faser Ihres gesamten Seins! Die folgenden Punkte spiegeln genau die Dualseelen wider:

1. Mit einem Blick in die Augen des anderen erkennen Sie sich selbst
2. Nach dieser Begegnung ist nichts mehr in Ihrem Leben wie es vorher war, es finden tiefgreifende Veränderungen in Ihnen und in Ihrem Leben statt
3. Sie spiegeln sich gegenseitig Ihre inneren Schattenseiten so intensiv, wie es noch niemals zuvor mit einem anderen Menschen war
4. Ihre seelische Weiterentwicklung macht plötzlich regelrechte Quantensprünge
5. Sie fühlen eine tiefe innere Heilung in sich
6. In Ihrer beider Leben gibt es auffällig viele Parallelen und Synchronizitäten
7. Sie fühlen sich mit dem anderen ‚Eins', obwohl sie eigentlich zwei sind
8. Im Rückblick gesehen hat sich diese Person schon in Dingen in Ihrer Umgebung manifestiert lange bevor sie real in Ihr Leben kam
9. Sie vertrauen dem anderen grenzenlos
10. Wenn Sie Ihr Leben lang das Gefühl hatten dass Ihnen etwas unerklärliches und elementares fehlt, ist dieses Gefühl jetzt verschwunden, da Sie sich mit dem anderen vollkommen und gesättigt fühlen
11. Bei der körperlichen Vereinigung verschmelzen Sie miteinander in einer solchen Intensität und vollkommenen Ekstase wie Sie es vorher noch niemals erlebt haben
12. Sie fühlen sich so verletzlich wie nie zuvor

13. Sie hinterfragen plötzlich die Umstände Ihres gesamten Lebens
14. Der andere ist die perfekte gegensätzliche Ergänzung zu Ihnen selbst
15. Sie werden vom anderen ganz genauso angenommen wie Sie sind
16. Sie reagieren körperlich - beispielsweise bleibt Ihnen der Atem weg, Sie glühen innerlich regelrecht, zwischen Ihnen ist ein elektrisierendes Gefühl zu spüren usw...
17. Sie fühlen die Gefühle und übernehmen die Gedanken des anderen als ob es Ihre eigenen wären, auch in Kontaktpausen und über große räumliche Entfernungen hinweg

Nachfolgende Punkte treffen sowohl auf Dualseelen als auch auf Zwillingsseelen zu. Allerdings auf unterschiedliche Art und Weise.

Diejenigen die das außergewöhnlich kostbare Glück haben, sowohl auf ihre Zwillingsseele, als auch auf ihre Dualseele treffen zu dürfen, spüren deutlich den Unterschied zwischen den beiden.

1. Einer von Ihnen oder Sie beide ziehen sich immer wieder vom anderen zurück
2. Sie spüren vom ersten Moment an das Besondere an dieser Begegnung
3. Sie haben das Gefühl den anderen schon seit Ewigkeiten zu kennen
4. Sie fühlen eine unendliche Verbundenheit und Vertrautheit zum anderen
5. Sie fühlen Gefühle in einer Tiefe und Intensität wie Sie es noch niemals zuvor erlebt haben
6. Ein Gefühl des ‚verliebt seins' gibt es nicht, sondern nur wahrhaftige und bedingungslose Liebe
7. Zeit-, und Raum-Empfinden spielt für Sie überhaupt keine Rolle mehr
8. Sie spüren eine tiefe und intensive Sehnsucht nach dem anderen wenn er räumlich abwesend ist, Ihre Gefühle überrollen Sie regelrecht und quellen über
9. Sie fühlen sich beim anderen angekommen und zu Hause
10. Sie sind seelisch nackt vor dem anderen und können sich wirklich alles erzählen
11. Ihre Gespräche sind unendlich
12. Die sexuelle Anziehungskraft und Begierde ist unendlich kraftvoll und intensiv, fast magisch
13. Sie verstehen sich ohne Worte
14. Es fühlt sich alles absolut richtig und stimmig an
15. Sie empfinden eine unendliche und tiefe Dankbarkeit für ihn
16. Sie möchten keinen anderen Menschen mehr an Ihrer Seite haben als ihn
17. Der andere ist ständig in Ihren Gedanken präsent und Sie fühlen ihn überall und in allem um sich herum, wenn er räumlich abwesend ist

Wenn Sie ständig Zweifel daran haben ob Sie Ihre Dualseele in Ihrem Leben haben, dann kann es NICHT Ihre wirkliche und echte Dualseele sein. Auch wenn Sie der Meinung sind dass Sie mehrere Dualseelen haben, sind das KEINE echten Dualseelen. Denn unsere wahre Dualseele ist absolut einmalig und einzigartig auf dieser Erde. Das sagt schon das Wort „Dual" aus.

Dualität = Zweiheit = Zwei in einem. Yin und Yang = weiblich ‚passiv' und männlich ‚aktiv'.

Natürlich zweifeln wir hin und wieder an der LIEBE unseres Duals. Weil er sie uns lange Zeit einfach verweigert. Aber dass er unsere wahre Dualseele ist, WISSEN wir ganz einfach.

16. Was Sie tun sollten wenn Ihr Dual sich nicht meldet

♥ Laufen Sie ihm NICHT hinterher, wenn er sich zurückzieht. Und wieder einmal die Flucht ergreift. Melden Sie sich NICHT ständig bei ihm. „Betteln" Sie NICHT um seine Aufmerksamkeit. Soll heißen, schreiben Sie ihm NICHT permanent SMS oder E-Mails. Und rufen Sie ihn schon gar nicht an! Denn je mehr Sie auf ihn zugehen, desto mehr und länger zieht er sich von Ihnen zurück. Weil er ganz genau Ihre emotionale ‚Bedürftigkeit' spürt. Er spürt genau, wenn Sie sich nicht um sich selbst kümmern können, während er sich zurückzieht. Er spürt genau, wenn Sie nicht für sich selbst sorgen können. Er zwingt Sie mit seinen wiederkehrenden Rückzügen regelrecht zu lernen, sich selbst um Ihr Wohlbefinden und um Ihre Bedürfnisse zu kümmern. Ihr Leben aufzuräumen. Ihre seelischen und emotionalen Defizite in sich zu heilen.

♥ Bleiben Sie ruhig und gelassen wenn er wieder einmal flüchtet. Er kommt schon wieder. Vertrauen Sie ihm einfach. Er braucht diese Zeit für sich. Denn auch Ihr Dual muss lernen, mit diesen überaus starken, tiefen und intensiven Gefühlen und Energien zwischen Ihnen beiden umzugehen.

♥ Kümmern Sie sich in diesen Zeiten des Nicht-Kontaktes intensiv um SICH. Sorgen Sie liebevoll und achtsam für Ihr eigenes Wohlbefinden. Und überlassen Sie ihn sich selbst. Er MUSS für sich selbst sorgen. Das ist nicht Ihre Aufgabe!

♥ „Kämpfen" Sie auf keinen Fall um ihn! „Betteln" Sie nicht um seine Liebe und Zuneigung oder um seine Zeit für Sie! Denn ansonsten verhindern Sie regelrecht, dass Ihr Dual zurück in seine Rolle der wahren und natürlichen Männlichkeit als Mann findet. Und Sie als Frau in Ihre kraftvolle Ur-Weiblichkeit zurückkehren können. Soll heißen, bleiben Sie als Frau passiv ‚empfangend'. Und werden Sie als Mann aktiv ‚gebend'!

- ♥ Heilen Sie sich selbst, solange Ihr Dual sich zurückzieht.
- ♥ Arbeiten Sie an Ihrer Selbstliebe.
- ♥ Stärken Sie Ihren Selbstwert.
- ♥ Lernen Sie Geduld zu haben.
- ♥ Lernen Sie sich selbst, Ihrem Dual und dem Leben an sich zu vertrauen.
- ♥ Lassen Sie die Kontrolle los! Hören Sie auf, die Situation zwischen sich und Ihrem Dual kontrollieren zu wollen. Das funktioniert nicht. Kontrollieren Sie NICHT Ihre Gefühle. Sondern lassen Sie sie zu. Spüren Sie sie bewusst. Durchleben Sie Ihre Gefühle ganz bewusst. Auch die negativen. Das gilt insbesondere für die Kopfmenschen der Dualseelenpaare.
- ♥ Verwirklichen Sie all Ihre Ziele für sich. Bleiben Sie bei SICH.
- ♥ Schaffen Sie sich Ihre persönlichen Kraftquellen und Energiesäulen.
- ♥ Finden Sie Ihre innere Ruhe und Gelassenheit.
- ♥ Geben Sie nicht jedem inneren Impuls in Bezug auf ihn nach! Sondern beobachten Sie sehr genau, ob es sich nur um einen kurzfristigen Impuls handelt, oder ob dieser Zustand länger in Ihnen anhält und Sie regelrecht dazu „zwingt" zu HANDELN. Dann soll es auch so sein, dass Sie sich bei Ihrem Dual melden. Dass Sie ihm beispielsweise schreiben, oder ihn anrufen, ihn um ein Treffen bitten oder Sie ihm ein Geschenk machen. Wenn es sich definitiv NICHT nur um einen kurzfristigen Impuls in Ihnen handelt, dann SOLL das auch so sein dass Sie von sich aus Kontakt zu ihm aufnehmen. Weil ER dann etwas daraus lernen soll.
- ♥ Hören Sie grundsätzlich immer auf Ihre Intuition und auf Ihren Ur-Instinkt. Dann werden Sie auch die für sich richtigen, stimmigen und passenden Entscheidungen treffen!
- ♥ Gehen Sie den Weg Ihres Herzens und Ihrer Seele. NICHT den Weg Ihres Verstandes!

17. Wie Sie die Bindung zu Ihrem Seelenpartner stärken

- ♥ Sorgen Sie dafür das ER auch SIE zwischendurch vermisst. Und stehen Sie nicht immer zu seiner Verfügung wenn er das gerade möchte! Denn er ist ja auch nicht immer dann für Sie da wenn SIE das gerade für sich ‚brauchen'.
- ♥ Nehmen Sie ihn genauso an wie er ist. Ohne jegliche Erwartungshaltung. Ohne jegliche Bedingungen. Ohne Forderungen. Lassen Sie ihn einfach nur SEIN.
- ♥ Machen Sie ihm ehrliche Komplimente. Die auch wirklich aus Ihrem Herzen und aus Ihrer Seele kommen. Die Sie auch wirklich FÜHLEN.
- ♥ Loben Sie Ihn wenn er etwas für Sie getan hat. Denn das ist NICHT selbstverständlich. Das tut er ausschließlich aus Liebe zu Ihnen.
- ♥ Lassen Sie ihn wissen wie gut er Ihnen auf allen Ebenen tut.
- ♥ Sagen Sie ihm wie wohl Sie sich mit ihm fühlen.
- ♥ Lassen Sie ihn wissen, wenn Sie sich von ihm inspiriert und motiviert fühlen.
- ♥ Gewöhnen Sie sich gemeinsame ‚Rituale' an. Das bindet ein Paar innig aneinander.
- ♥ Schaffen Sie wundervolle gemeinsame Erinnerungen wenn Sie Zeit miteinander verbringen. An die auch ER sich gerne erinnert. Die Quantität spielt dabei keine Rolle. Sondern ausschließlich die Qualität Ihres Zusammenseins.
- ♥ Bitten Sie ihn um Rat oder um Hilfe bei Themen in denen er sich besser auskennt als Sie. Er fühlt sich geschmeichelt wenn er Ihnen behilflich sein kann.
- ♥ Setzen Sie ihm liebevolle Grenzen. So gewinnen Sie seinen Respekt.
- ♥ Spiegeln Sie sein Verhalten und ziehen Sie sich etwas von ihm zurück, wenn Ihnen etwas an ihm nicht gefällt. Machen Sie ihm niemals Vorwürfe! Denn er handelt nur aus seinen anerzogenen und erlernten Konditionierungen und

gravierenden Ängsten heraus. Genauso wie Sie auch. So kann er lernen sich „richtig" Ihnen gegenüber zu verhalten. Und Rücksicht auf Ihre Bedürfnisse zu nehmen.
♥ Zeigen Sie immer wieder wie sehr Sie Ihr Dual lieben. Aber OHNE ihn zu bedrängen. Und OHNE ihn jemals unter Druck zu setzen.

Gerade das männliche Dual – der Kopfmensch – trägt ja gravierende Enttäuschungen und massive seelische Verletzungen aus vergangenen Beziehungen mit sich herum. Er ist regelrecht ausgehungert nach seelischer, emotionaler und körperlicher Liebe. Deshalb genießt er es auch in vollen Zügen – auch wenn er nicht darüber spricht – dass er von seinem weiblichen Dual so unendlich stark und intensiv geliebt wird. Und zwar auf allen Ebenen.

Alleine diese Tatsache bindet ihn schon dauerhaft an sein weibliches Dual.

Aber auch das weibliche Dual ist oft vollkommen ausgehungert nach dieser Liebe auf allen Seins-Ebenen.

Beide Duale schweben durch diese Begegnung – und vor allem wenn sie sich sexuell einander hingeben – wie auf Wolken. Beide kennen ein solches Gefühl der absoluten Sättigung ihres gesamten Seins nicht. Diese Energien die allgemein zwischen beiden Dualen fließen, sind dermaßen intensiv und stark, dass sowohl das weibliche als auch das männliche Dual erst einmal ihren individuellen Weg finden müssen, um mit diesen enormen Energien und mit dem bis dahin unbekannten und absoluten Sättigungsgefühl ihres gesamten Seins umzugehen. Einerseits bindet diese Sättigung auf allen Ebenen des Seins beide Duale sehr innig aneinander. Andererseits macht dies gerade den männlichen Dualen eine solch unbeschreibliche Angst, das sie erst einmal „gezwungermaßen" davor flüchten „müssen", um sich wieder „einzukriegen". Erst dann können sie wieder auf ihr weibliches Dual zugehen.

18. Fragen und Antworten

18.1. Wie Sie sich Ihre ganz persönlichen Kraftquellen und Energiesäulen schaffen

Haben Sie einen Lieblingsplatz? Oder einen Lieblingsort? An den Sie immer wieder gerne gehen und an dem Sie sich super wohl fühlen? Und liefert dieser Lieblingsplatz oder Lieblingsort Ihnen Ruhe, Entspannung und neue Energie und Kraft für Ihren Alltag?

Wenn Sie noch keinen solchen Platz haben, der Ihnen wirklich Ruhe, Entspannung und frische und neue Energie und Kraft liefert, dann suchen Sie sich bitte unbedingt einen solchen Platz oder einen solchen Ort.

Eine ganz persönliche Kraftquelle zu haben, ist immens bereichernd für das eigene Leben.

Eine Kraftquelle kann übrigens auch Ihr Lieblingsmensch sein! Mit dem Sie sich einfach nur wohl fühlen. Mit dem Sie Spaß haben und lachen können. Der Ihr Leben eindeutig bereichert, erfüllt und inspiriert. Haben Sie einen solchen Lieblingsmenschen? Das kann Ihr Partner / Ihre Partnerin sein, aber auch Ihr bester Freund oder eine beste Freundin, die eigene Großmutter oder sonst irgendjemand den Sie sehr mögen oder lieben. Wenn Sie keinen solchen Lieblingsmenschen haben, ist das nicht schlimm. Dann gibt es noch genügend andere Kraftquellen und Energiesäulen für Sie.

Ein Tier kann ebenfalls Ihre ganz persönliche Kraftquelle sein. Vielleicht ist das Ihr Hund, Ihre Katze oder Sie besitzen sogar ein Pferd? Wenn Sie ganz deutlich spüren dass dieses Tier Ihnen Kraft gibt, wenn Sie mit ihm zusammen sind und Sie sich super wohl damit fühlen, dann ist das eine Kraftquelle für Sie.

Eine Energiesäule ist eine Tätigkeit, die Sie entspannt und

gleichzeitig neue Energie liefert. Das kann sowohl eine geistige, körperliche oder auch eine kreative Tätigkeit sein.

Sie ganz persönlich bestimmen Ihre Energiesäule für sich. Denn nur Sie selbst wissen welche Tätigkeit Ihnen neue und frische Energie liefert.

Beispiele für Ihre ganz persönliche Kraftquelle:

- ♥ das Meer (Ihr Lieblingsstrand)
- ♥ der Wald
- ♥ ein gemütliches Plätzchen in Ihrem Garten
- ♥ ein lauschiges Plätzchen an einem Fluss
- ♥ Ihre Kuschelcouch
- ♥ Ihr Balkon

Beispiele für Ihre ganz persönliche Energiesäule:

- ♥ Waldspaziergang
- ♥ Fahrrad fahren / Joggen
- ♥ Lesen
- ♥ Malen
- ♥ Schreiben
- ♥ Musizieren

Wie finden Sie nun eine solche persönliche Kraftquelle und Energiesäule?

Manchmal erkennen und sehen wir nicht sofort, dass wir eigentlich schon intuitiv unsere ganz persönliche Kraftquelle oder Energiesäule in unser Leben integriert haben, um uns Ruhe und Entspannung zu suchen und neue Kraft und frische Energie zu holen.

Es können Kleinigkeiten sein, die Sie unglaublich entspannen und neue Kraft und Energie liefern, um Ihrem alltäglichen Stress entgegenzuwirken.

Stellen Sie sich dafür folgende Fragen:

- ♥ WO (an welchem Ort) fühle ich mich wirklich wohl?
- ♥ WO befinde ich mich oft?
- ♥ WO gehe ich immer wieder automatisch hin?
- ♥ WOHIN ziehe ich mich zurück, wenn ich mich irgendwie schlecht fühle?
- ♥ Und WAS gibt mir dieser Ort, dieser Mensch oder dieses Tier dann genau?
- ♥ WAS tue ich für mich wenn es mir mal nicht so gut geht und
- ♥ WODURCH fühle ich mich dann besser?
- ♥ Ist DAS vielleicht schon meine ganz persönliche Kraftquelle oder Energiesäule?
- ♥ MIT WEM fühle ich mich wirklich wohl?
- ♥ MIT WAS (durch welche Tätigkeit) fühle ich mich wirklich wohl?

Sind Sie schon einmal durch den Wald geschlendert und haben ganz bewusst auf das Rauschen des Windes in den Wipfeln der Bäume hoch über Ihnen geachtet? Haben Sie sich dann auf eine eventuell dastehende Bank gesetzt, sich entspannt und einfach nur dieses wundervolle Gefühl genossen, dass die Natur in Ihnen ausgelöst hat? Das kann unglaublich beruhigend für angespannte Nerven sein...

18.2. Wie Ihnen stille Meditation hilft, innere Ruhe und Gelassenheit zu finden

Zuallererst sollten Sie Ihren Lieblingsplatz aufsuchen bzw. wenn Sie das aus irgendwelchen Gründen gerade nicht können, suchen Sie sich einen ruhigen und angenehmen Platz zu Hause. Achten Sie unbedingt darauf dass Sie sich wohl fühlen. Auch sollten Sie darauf achten, in dieser Zeit von nichts und niemandem gestört zu werden. Es sei denn, Sie meditieren schon länger und können störende Geräusche oder auch andere Menschen ausblenden. Was Sie auch müssen, wenn sie draußen in der Natur meditieren.

Als Anfänger(in) des meditierens im Stillen ist es wichtig, dass Sie sich auf keinen Fall selber unter Druck setzen. Nun setzen Sie sich bequem im Schneidersitz entweder auf den Boden oder auf ein dünnes Kissen oder auch auf die Couch. Den Lotus Sitz schaffen Sie nur, wenn Sie sehr gelenkig sind. Ihre Hände legen Sie mit den Handflächen nach oben locker auf Ihre Oberschenkel. Schließen Sie Ihre Augen. Konzentrieren Sie sich auf Ihren Atem. Achten Sie bewusst darauf, wie Sie regelmäßig und langsam ein- und ausatmen.

Lassen Sie Ihre Gedanken fließen. Wie Wolken am Himmel oder Wellen im Meer, die vor Ihrem inneren Auge vorbeiziehen. Halten Sie Ihre Gedanken und inneren Bilder NICHT fest. Beobachten Sie Ihre Gedanken lediglich. Und bewerten Sie sie nicht. Reagieren Sie nicht darauf. Es ist vollkommen egal, welche Gedanken jetzt gerade durch Ihren Kopf gehen. Es gibt in diesem Moment keine guten oder schlechten, richtigen oder falschen, passenden oder unpassenden Gedanken. Lassen Sie sie einfach nur ziehen und beobachten sie.

Wenn Sie es nicht schaffen, Ihre Gedanken einfach nur fließen und vorbeiziehen zu lassen, macht das überhaupt nichts! Es ist nicht schlimm. Machen Sie sich jetzt bitte darüber NULL Gedanken. Denn das wäre nur wieder eine zusätzliche Sorge, die Sie gerade überhaupt nicht brauchen können. Wenn Sie automatisch an bestimmte Dinge denken (müssen), lassen Sie es einfach zu. Versuchen Sie aber trotzdem, sich auf Ihren Atem zu konzentrieren.

Wichtiger ist es erst einmal, dass Sie es schaffen, Ihre Muskeln zu entspannen. Lassen Sie locker. Lassen Sie ihre Muskelspannung los. In den Händen, den Armen, den Beinen, den Schultern, dem Nacken. Das kann am Anfang schwierig sein, aber daran gewöhnen Sie sich. Das lernen Sie mit der Zeit. Atmen Sie dabei ganz bewusst immer langsam ein und aus. Es kann sein dass Ihnen langweilig wird. Versuchen Sie das auszuhalten. Sie DÜRFEN sich entspannen und einmal für kurze Zeit NICHTS anderes tun. Sie müssen auch am Anfang nicht 20 oder gar 30 Minuten durchhalten. Es reichen 5 bis maximal 10 Minuten. Wenn Sie das schaffen. Mit der Zeit können Sie dann verlängern auf bis zu 30 Minuten. Das kann aber Wochen und Monate dauern. Das ist wirklich ein reiner Übungsprozess.

18.3. Wie Ihnen gezielte Atemübungen dabei behilflich sind bei SICH zu bleiben

Richtiges Atmen löst Ängste, hilft bei Depressionen und Schlafstörungen und baut Stress ab! Auch Schmerzen können dadurch gelindert werden.

Wir atmen ein. Wir atmen aus. Jede Sekunde, jede Minute, jede Stunde und jeden Tag. Kontinuierlich immer weiter. Ohne uns irgendwelche Gedanken darüber zu machen. Weil das atmen für uns selbstverständlich ist.

Der Atem passt sich immer unseren Aktivitäten an, die wir gerade ausüben. Sitzen oder liegen wir nur still da, ist unser Atem langsam und tief. Je mehr wir uns anstrengen, desto schneller und flacher wird unser Atem. Weil unser Körper mit Sauerstoff versorgt werden muss. Je mehr wir uns bewegen, desto mehr Sauerstoff ist notwendig.

Wenn wir auf die richtige Art und Weise atmen, fließt der Atem ganz natürlich und ohne Anstrengung durch unseren Körper.

Wenn wir ständig nur oberflächlich atmen, und unser Atem nicht in unseren Bauch und unser Becken kommt, verspannen und verkrampfen wir uns. Und es zeigt sich auf Dauer Erschöpfung. Die Kraft und Energie fehlt uns, um die Leistungen zu bringen, die wir eigentlich bringen könnten und auch sollten. Oder in bestimmten Bereichen sogar müssten.

Wenn wir auf die richtige Weise atmen, kommen unsere Seele und unser Körper zur Ruhe:

Stellen Sie sich entspannt und mit beiden Beinen fest auf den Boden. Das kann auch irgendwo draußen in der Natur im Wald, auf einer Wiese, in den Bergen, an einem Fluss oder an einem See, oder am Strand am Meer sein. Ihre Füße stehen hüftbreit auseinander und ihre

Arme hängen ganz locker an beiden Seiten ihres Körpers herunter. Ihre Hände sind ebenfalls ganz locker und entspannt.

Achten Sie bitte darauf dass Sie durch die Nase atmen! Denn bei der Mundatmung geht die Luft einen ganz anderen Weg durch den Körper. Und es werden andere Nerven stimuliert.

1. Fühlen Sie in sich hinein. Ob sie irgendwo eine Muskelverkrampfung feststellen. Dann versuchen Sie, diese Verkrampfung bewusst zu lockern. Beispielsweise die Hände oder die Schultern. Oder auch die Oberschenkel. Atmen Sie dabei bewusst in den Bauch. Langsam und mit tiefen Atemzügen. Jetzt stellen Sie sich vor Sie sind ein Baum. Dessen Wurzeln ganz tief und fest mit der Erde verbunden sind. Spüren Sie ganz bewusst, wie Sie den Stress der in Ihnen ist, mit jedem Atemzug vom Scheitel bis zur Sohle durch die Wurzeln (ihre Füße) hinein in die Erde atmen. Raus aus Ihrem Körper, raus aus Ihrem Geist, raus aus Ihrer Seele. Hinein in die Erde. Weg von Ihnen.

2. Stellen Sie sich ganz bewusst vor, wie glasklares Wasser ganz langsam durch ihren Körper fließt. Durch jede Pore und durch jede Ader. Vom Scheitel bis zur Sohle. Und so dieses glasklare angenehm warme Wasser jegliches Stressgefühl, jegliche Ängste, jegliche Zweifel oder Bedenken aus Ihnen heraus spült. Wieder durch Ihre Füße hinein in die Erde. Heraus aus Ihnen. Was bleibt ist ein frisches, angenehmes Gefühl Ruhe und Entspannung.

Welche Einstellung besitzen Sie dem atmen gegenüber? Sehen Sie das atmen als rein automatischen Vorgang oder als lebensspendend und gesundheitserhaltend? Ändern Sie gegebenenfalls Ihre innere Einstellung. Achten Sie einmal ganz bewusst auf die Luft, die Sie einatmen. Und dann stellen Sie sich vor, wie Sie Ihren ganzen Stress und all Ihre Ängste mit der verbrauchten Luft ausatmen. Alles belastende quasi von sich weg atmen. Spüren Sie die frische Luft, die sie ganz bewusst einatmen? Und die verbrauchte Luft wieder ausatmen?

3. Sie stehen wieder ganz entspannt und locker, mit hängenden Armen fest mit beiden Beinen auf dem Boden. Jetzt achten Sie ganz bewusst auf Ihren Atem. Atmen Sie langsam ganz tief ein und aus. Achten Sie dabei darauf, dass Sie in den Bauch atmen. Beobachten Sie Ihren Atem einfach nur. Lassen Sie ihn bewusst durch Ihren ganzen Körper fließen. Und lassen Sie Ihre dabei aufkommenden Gedanken einfach ziehen. Halten Sie sie nicht fest. Fühlen Sie sich wohl? Gut. Dann sind Sie auf dem richtigen Weg. Machen Sie einfach weiter mit dem bewussten Atmen.

Drei sehr effektive Entspannungstricks

- Zungenentspannung

Haben Sie schon einmal daran gedacht Ihre Zunge zu entspannen? Ja, Sie lesen richtig. Sie glauben nicht wie wirksam eine bewusste Entspannung Ihrer Zunge ist? Dann probieren Sie es doch gleich mal aus.

Unsere Zunge ist meistens in Bewegung. Bei allem was wir tun. Sogar beim Denken, bzw. wenn wir in Gedanken mit jemandem sprechen, bewegt sich unsere Zunge mit.

Achten Sie ganz bewusst darauf Ihre Zunge zu entspannen. Sie liegt dabei locker auf dem Zungengrund auf. Je mehr Sie darauf achten und je länger Sie sich auf die Entspannung Ihrer Zunge konzentrieren, desto ruhiger werden Ihre Gedanken. Spüren Sie es schon?

Also denken Sie daran, wenn das nächste Mal Ihre Gedanken ununterbrochen um etwas kreisen. Entspannen Sie ganz bewusst Ihre Zunge!

- Entspannen Sie Ihre Lippen

Ist Ihnen schon einmal aufgefallen, dass sich bei Stress Ihre Lippen ganz automatisch zusammenpressen und verkrampfen? Achten Sie mal ganz bewusst darauf.

Wenn Sie das nächste Mal in eine Situation kommen die Sie irgendwie nervt oder stresst, sei es an der Supermarktkasse oder auch ein Mensch, der Ihre Nerven strapaziert:

Entspannen Sie ganz bewusst Ihre Lippen! Lassen Sie locker. Öffnen Sie dabei ganz leicht Ihren Mund – und machen Sie einen Schmollmund...

Sie werden sofort die Wirkung spüren. Außerdem hat das ganze noch einen positiven Nebeneffekt. Als Frau wirken Sie so sehr anziehend auf die Männerwelt. Weil Sie innere Ruhe und Gelassenheit ausstrahlen. Und das mögen die Männer.

- Lassen Sie Ihre Hände locker

Bei Stress verkrampfen wir oft automatisch unsere Hände und Finger. Wir ballen unsere Hände zu Fäusten. Und diese Verkrampfung zieht dann durch die Arme bis hinauf in die Schultern und in den Nacken.

Versuchen Sie deshalb in Stresssituationen ganz bewusst, Ihre Hände und Finger locker zu lassen und zu entspannen. Sie zu ent-krampfen. Das hilft ebenfalls zu einem Gefühl der Entspannung.

Bleiben Sie entspannt! Und wenn Sie merken dass in Ihrem Leben in irgendeiner Form Angst oder Stress aufkommt, achten Sie bewusst darauf langsam tief ein und aus zu atmen. Ich verspreche Ihnen dass das hilft.

18.4. Wie Sie sich um verdrängte Gefühle und Emotionen kümmern

Nehmen Sie sich die Zeit und spüren Sie in aller Ruhe in sich hinein. Erspüren Sie Gefühle die Sie (vielleicht seit langer Zeit schon) verdrängt oder auf die Seite geschoben haben. Die sie einfach aus irgendwelchen Gründen nicht spüren wollten. Weil es Ihnen vielleicht weh tut und Sie zu sehr schmerzt dieses Gefühl zu spüren und auszuhalten. Oder weil die Erinnerungen – positiv oder negativ - die mit diesem Gefühl verbunden sind, einfach zu sehr schmerzen. Und Sie diese Erinnerungen ebenfalls aus Ihrem Bewusstsein verbannt haben.

Oder Sie haben ganz einfach eine immense Angst davor, dieses Gefühl zuzulassen, anzunehmen und auszuleben, weil Sie nicht wieder verletzt werden wollen?

Spüren und er-spüren Sie, welche Gefühle gefühlt und gelebt werden wollen.

Welche Gefühle Sie vielleicht lange Zeit vernachlässigt haben.

- ♥ WAS fühlen Sie?
- ♥ WELCHES Gefühl oder welche Emotion kommt in Ihnen hoch?
- ♥ WELCHES Gefühl vermissen Sie in Ihrem Leben?
- ♥ WIE fühlt dieses Gefühl sich an?
- ♥ Fühlen Sie sich WOHL mit diesem Gefühl?
- ♥ Wenn nein – warum nicht? Was müssten oder könnten Sie ändern, damit Sie sich mit diesem Gefühl wohl fühlen?
- ♥ WAS verbindet Sie mit diesem Gefühl?
- ♥ Was macht dieses Gefühl mit Ihnen?

Falls Sie ein bestimmtes Gefühl nicht mehr in Ihrem Leben brauchen: Akzeptieren Sie es und lassen es dann los!

Klären Sie all Ihre ungelebten, unterdrückten, auf die Seite geschobenen und vernachlässigten Gefühle und Emotionen.

- ♥ Was vermissen Sie in Ihrem Leben?
- ♥ WAS oder wen brauchen Sie?
- ♥ Was oder wer fehlt Ihnen?
- ♥ Was (welches Gefühl) würde Ihnen stattdessen gut tun?
- ♥ Wer oder was könnte Ihnen dabei helfen sich so zu fühlen wie Sie sich gerne fühlen möchten?

Lassen Sie Ihre Gefühle zu und spüren und durchleben Sie diese Gefühle ganz bewusst. Und Sie werden deutlich spüren, wie heilsam es ist, belastendes hinter sich zu lassen. Und Gefühle endlich zu LEBEN, die gelebt werden wollen.

18.5. Wie Sie „richtig" Loslassen können

- zulassen

- ♥ WARUM haben Sie bis jetzt daran festgehalten. An der Erinnerung, dieser Person, diesem Gefühl, diesen Normen und Werten, diesen Erwartungen usw…
- ♥ WAS genau bringt es Ihnen, immer noch daran festzuhalten?
- ♥ WIE fühlen Sie sich dabei?
- ♥ GEFALLEN Ihnen diese Gefühle?
- ♥ Wenn NICHT, was können Sie daran ändern DASS diese Gefühle Ihnen gefallen?
- ♥ WER oder WAS hat Sie bis jetzt davon abgehalten Loszulassen?
- ♥ WAS passiert schlimmstenfalls, wenn Sie all dieses Loslassen?
- ♥ WAS passiert aber auch bestenfalls…?
- ♥ WER oder WAS kann Ihnen dabei behilflich sein Loszulassen?
- ♥ WIE schaffen Sie es durchzuhalten und sich selber zu motivieren, um Loslassen zu können?
- ♥ WIE wichtig ist es Ihnen Loszulassen und mit Ihrer Vergangenheit abzuschließen? Gibt es ETWAS oder JEMAND für das oder für den es sich lohnt altes Loszulassen? Damit Sie voll und ganz in der Gegenwart ankommen können?
- ♥ WIE würden Sie sich fühlen, wenn Sie all das NICHT mehr innerlich belastet und stresst?

- aushalten und beobachten

Nun geht es darum, Ihre Gefühle und Emotionen *auszuhalten,* die sich automatisch in Ihnen beim emotionalen Loslassen bilden.

Beobachten Sie Ihre Gedanken und Gefühle. Was spielt sich in Ihrem Inneren ab, jetzt da Sie Altes und Belastendes emotional Loslassen?

Wie geht es Ihnen dabei? Wie fühlen Sie sich?

Wenn Sie jetzt Gefühle der Wut oder Traurigkeit überkommen ist das vollkommen normal. Wenn Sie weinen müssen, dann lassen Sie das zu! Weinen Sie. Lassen Sie die Tränen fließen. Das ist äußerst heilend für die Seele.

Kämpfen Sie NICHT gegen negative Gedanken und Gefühle an! Das macht überhaupt keinen Sinn!

Lassen Sie alles zu und halten Sie es aus. Nur so können Sie ins wahre emotionale Loslassen kommen. Nehmen Sie all Ihre Gedanken und Gefühle die sich in Ihnen bilden an! Erst dann können Sie ehrlich und wahrhaftig und komplett dauerhaft Loslassen. Erst dann fühlen Sie sich innerlich ehrlich von dieser emotionalen Last befreit.

- einlassen

Sie müssen sich auf den gesamten Prozess des Loslassens ganz bewusst *einlassen*. Sich ihm *hingeben*. Ansonsten funktioniert das Loslassen nicht! Und nicht zuletzt müssen Sie es *zulassen und aushalten*, gewisse Dinge aus Ihrem Leben Loszulassen. Weil Sie sie einfach nicht mehr brauchen. Nur so können Sie innerlich wirklich frei für die Gegenwart sein.

Sie müssen die Kontrolle vollständig Loslassen!

Das schaffen Sie, indem Sie sich selbst vertrauen und sich selbst ERLAUBEN auch einmal Angst / Verlustangst zu haben. Die Angst bewusst zu spüren und zu durchleben. Erst dann kann sich die Angst in Ihnen auflösen.

Indem Sie sich ERLAUBEN auch einmal traurig oder wütend zu sein. Denn Sie DÜRFEN traurig oder wütend sein!

Sie DÜRFEN auch Sehnsucht nach Ihrem Dual haben. Allerdings sollten Sie sich NICHT in dieser Sehnsucht verlieren. Und die Sehnsucht darf NICHT aus einer emotionalen ‚Bedürftigkeit' heraus zu spüren sein. Sondern aus reiner und wahrer Liebe. Weil Ihr Dual Ihnen als Mensch fehlt.

Die beiden Seelen vermissen sich. Da sie ja zueinander gehören. Und EINS sind.

Verlustangst = Angst vor Kontrollverlust = Mangel an (Selbst-) Vertrauen = Angst vor (negativer) Veränderung und Hilflosigkeit = nicht zulassen, einlassen und fallen lassen können = ANGST –

sich selbst aufzugeben und sich wieder selbst zu verlieren

Kontrolle Loslassen = ‚frei' lassen können und annehmen was IST = VERTRAUEN

Vertrauen = Kontrolle Loszulassen, sich vollkommen hinzugeben, hineinfallen lassen und einlassen = wahre und tiefe Liebe zulassen und empfangen und aushalten zu können

Wahre Liebe zu geben = zu lieben, ohne eine Gegenleistung von Ihrem Dual zu ‚erwarten'

= Liebe schenken. Bedingungslos.

18.6. Wie Sie bei SICH bleiben und guten Gewissens gesunde Grenzen setzen

Ich empfehle Ihnen unbedingt, Ihre ganz persönlichen Grenzen herauszufinden. Und diese dann genau zu definieren. So dass Sie sich nicht mehr verbiegen müssen. Und vor allem, dass Sie keine Angst mehr empfinden müssen. Keine Angst vor eventuellen Konsequenzen, wenn Sie auch einmal „Nein" sagen. Denn es geht allein um Ihr Wohlbefinden! Sie müssen sich in sich selbst wohlfühlen. Seelisch, körperlich und auch geistig.

Sobald Sie merken dass Sie sich *mit* etwas, *bei* etwas oder mit *jemandem* nicht mehr wohlfühlen, ist es an der Zeit eine Grenze zu setzen. Indem Sie zu etwas oder zu jemandem „Nein" sagen – tun Sie ja nichts anderes, als zu sich selbst (!) „Ja" zu sagen. Das heißt, Sie sind achtsam und fürsorglich sich selbst gegenüber! Da Sie ganz bewusst darauf achten, sich wirklich wohl zu fühlen.

Indem Sie einfach darauf achten, *was* macht die jeweilige Situation oder Person mit Ihnen.

Bildet sich in Ihnen beispielsweise Widerwillen, Abwehr, Fluchtgedanken, Unwohlsein, Überforderung oder ein allgemeines Stressgefühl, dann gehen Sie möglichst aus der Situation. Vollkommen egal was andere Menschen über Sie denken oder von Ihnen halten.

Jetzt höre ich Sie schon sagen, dass es ja auch Situationen gibt aus denen Sie nicht so einfach flüchten können. Wie beispielsweise geschäftliche Termine. Ja, da haben Sie schon recht. Aber – dann ist es so, dass Sie versuchen können sich innerlich abzugrenzen. Indem Sie sich ganz bewusst eine Situation aus Ihrer Vergangenheit vorstellen, in der Sie sich super wohl gefühlt haben. Und in der Sie wirklich glücklich waren. Dieses Gefühl dass Sie damit verbinden, müssen Sie in die jetzige Situation transportieren. Damit Sie ganz in diesen positiven Gefühlen eingehüllt sind. Denken Sie immer daran – positive Gedanken erzeugen positive Gefühle. Positive Gefühle erzeugen positive Handlungen. Wenn Sie es also schaffen, eine innere Verbindung herzustellen zwischen Ihren bewussten Gedanken, inneren Bildern und dem dazugehörigen positiven Gefühl, können Sie Situationen die Ihnen eigentlich unangenehm sind, sehr viel besser ertragen. Weil Sie sich ganz einfach anders FÜHLEN!

Machen Sie NICHT den Fehler und nehmen Sie an, dass es die Situation an sich ist, die Ihnen dieses Unwohlsein beschert.

Nein, es sind lediglich Ihre *Gedanken* mit den *dazugehörigen Gefühlen* die dafür sorgen ob Sie sich wohl oder unwohl fühlen! Wenn Sie die ganze Zeit denken: „Ach mir gefällt das nicht. Ich will weg hier. Ich fühle mich nicht wohl. Das nervt mich alles. Ich ertrage das nicht länger, ich kann das nicht..." usw...dann ist es nur logisch, dass Sie sich tatsächlich unwohl und genervt fühlen. Denken Sie aber stattdessen beispielsweise: „Das stehe ich doch mit Leichtigkeit durch. Das macht mir überhaupt nichts aus. Das packe ich schon. Das schaffe ich auch noch, dass kann ich locker..." usw...dann ertragen Sie die Situation schon viel leichter. Probieren Sie es aus. Es funktioniert!

Haben Sie bitte keine Angst auch einmal „Nein" zu anderen zu sagen. Beispielsweise in Ihrer bestehenden Beziehung oder Partnerschaft. Zu Ihrem Seelenpartner. Zu Ihrer Dualseele.

Wenn Sie Ihrem Partner / Seelenpartner liebevoll aber konsequent Grenzen setzen, anstatt sich selber immer wieder zu verbiegen und aus Gutmütigkeit immer alles recht machen zu wollen – bekommen Sie dadurch nur seinen Respekt. Denn Sie beweisen mit Ihrer Abgrenzung Ihren Selbstwert. Und Ihre emotionale Unabhängigkeit von ihm. Was vor allem als Frau enorm wichtig ist! Machen Sie auf keinen Fall den Fehler und sagen Sie immer „Ja und amen" zu allem, was Ihr Partner / Seelenpartner von Ihnen will. Denn so kann sich bei ihm kein Respekt vor Ihnen entwickeln. Er wird Sie im Gegenteil immer respektlos behandeln, sobald er spürt dass Sie sich alles gefallen lassen und alles mit sich machen lassen.

18.7. Wie Sie Klarheit in Ihr persönliches Umfeld bringen

Mit welchen Menschen umgeben Sie sich normalerweise? Sind diese Menschen ebenfalls hochsensibel oder emotional sensibel? Wissen diese Personen von Ihrer Hochsensibilität? Oder stoßen Sie auf Unverständnis, da Sie sich überwiegend mit nicht sensiblen Personen umgeben? Wie fühlen Sie sich in Ihrem eigenen Umfeld? Können und dürfen Sie ganz Sie selbst sein oder sind Sie „gezwungen" sich für andere zu verbiegen, um zu gefallen? Und um gemocht zu werden?

Es ist gerade für hochsensible Menschen ganz besonders wichtig, ein geklärtes Umfeld zu besitzen. Sich wirklich wohl zu fühlen, mit den Menschen die ihnen nahe stehen. Und dass die Personen, die sich in ihrem unmittelbaren persönlichen Umfeld befinden, ihnen wirklich gut tun. Es macht überhaupt keinen Sinn, sich für andere permanent zu verbiegen. Und sich zu verstellen.

Sortieren Sie gnadenlos die Menschen in Ihrem persönlichen Umfeld aus, die Ihnen nachweislich NICHT gut tun!

Die Ihnen im Gegenteil nur schaden. Emotional, seelisch, geistig und natürlich auch körperlich. Umgeben Sie sich NICHT mit Menschen mit denen Sie sich eigentlich unwohl fühlen. Die in Ihnen innerlich insgeheim ein Unwohlsein hervorrufen. Und mit denen Sie eigentlich überhaupt keinen Kontakt haben möchten.

Agieren Sie nicht aus Mitleid oder aus Mitgefühl heraus. Denn das tun die anderen auch nicht!

Achten Sie ganz bewusst auf SICH selbst. Und auf IHR eigenes Wohlbefinden.

- ♥ setzen Sie Ihren freien Willen ein!
- ♥ setzen Sie deutliche Grenzen!
- ♥ treffen Sie Ihre eigenen Entscheidungen!
- ♥ lassen Sie sich nicht von anderen beeinflussen bei dem was Sie tun!
- ♥ achten Sie auf Ihr eigenes Wohlbefinden!
- ♥ umgeben Sie sich gezielt mit Personen die Ihnen gut tun und mit denen Sie sich wohl fühlen!
- ♥ machen Sie sich emotional unabhängig von den Meinungen und Bewertungen anderer!

Sie sind nicht gezwungen, sich mit Personen abzugeben, die Ihnen nicht gut tun! Sie sind nicht gezwungen, sich aus Gutmütigkeit heraus Dinge gefallen zu lassen, die Sie ärgern oder die Sie traurig machen.

18.8. Wie Sie mit Ihrem Dual auf Seelenebene kommunizieren können

Seelenkommunikation unter zusammengehörenden Dualseelen ist vollkommen normal. Auch wenn das für rational denkende Kopfmenschen niemals erklärbar wäre. Und sie auch nicht glauben würden, dass das tatsächlich möglich ist. Tatsache ist aber, dass diese beiden zusammengehörenden Seelen miteinander kommunizieren können. Und dies auch gerne, ausgiebig und intensiv tun.

Sie spüren das sehr genau, wenn Sie sich darauf konzentrieren.

Wenn Sie beispielsweise innerlich nach Ihrem Dual rufen – wenn Sie ihn also mit seinem Namen ansprechen - wird er Ihnen im Normalfall sofort und auf der Stelle antworten. Da er sich höchstwahrscheinlich auf Seelenebene oft bei ihnen aufhält. Um zu „beobachten" was Sie so tun und um einfach bei Ihnen zu sein. Um Sie zu beschützen.

Manchmal antwortet er allerdings auch nicht. Entweder hat er dann gerade keine Lust zu kommunizieren, oder er ist wirklich nicht bei Ihnen.

Seelenkommunikation mit Ihrem Dual ist KEINE Einbildung!

Sie spüren es sehr genau, dass es sich bei dieser Stimme NICHT um Ihre eigene innere Stimme handelt. Denn so schnell könnten Sie gar nicht denken und sich selbst antworten, wie ER Ihnen antwortet.

Auch passiert es oft, dass Sie dann in der Realität genau bei dem Thema ansetzen und sich quasi weiter unterhalten, bei dem Sie in Ihrer Seelenkommunikation aufgehört haben. Oder Sie bekommen in der Realität Antworten auf Fragen, bei denen er auf Seelenebene noch nicht geantwortet hat. Weil er sich erst seine Gedanken darüber machen musste.

Auch sexuelle Begegnungen auf Seelenebene sind mit Ihrem Dual möglich. Wobei das natürlich kein Ersatz sein sollte für wirkliche und echte Begegnungen in der Realität.

Wenn Sie sich allerding aufgrund der räumlichen Entfernung nicht allzu oft sehen können, oder wenn er sich für längere Zeit von Ihnen zurückzieht, ist das auch eine Möglichkeit mit ihm innig, nah und intim zu sein.

Auch all dies ist keine Einbildung. Sondern existiert tatsächlich. Auch wenn der Verstand das niemals begreifen kann.

Sie können Ihrem Dual auf Seelenebene gezielte Fragen stellen, auf die Sie eine Antwort von ihm haben möchten. Welche er Ihnen in der Realität nicht beantworten würde. Wenn es sich beispielsweise um seine Gefühle für Sie handelt.

Sie können Ihn zu einer Handlung auffordern, wenn Sie bestimmte Dinge von ihm möchten dass er Sie im realen Leben umsetzt.

Sie können Ihm auch Ihre Meinung sagen, wenn Ihnen etwas an seinem Verhalten nicht gefällt.

Sie können auf Seelenebene diskutieren, Vereinbarungen treffen usw...

Das funktioniert tatsächlich! Ihr Dual kann natürlich im realen Leben nicht definieren was da passiert. Obwohl er mit Sicherheit die Dinge genauso spürt und fühlt wie Sie.

18.9. Was Sie sonst von Ihrem Dual spüren können, wenn er physisch abwesend ist

- ♥ Sie spüren oft seine Gefühle (seine Sehnsucht nach Ihnen, seine starke Angst Sie eventuell zu verlieren
- ♥ Sie übernehmen teilweise seine Gedanken
- ♥ Sie spüren wenn er sich gesundheitlich nicht wohl fühlt
- ♥ Sie spüren seine Müdigkeit, Erschöpfung und Energielosigkeit
- ♥ Sie spüren seine sexuelle Erregung und Aktivität
- ♥ Sie spüren seine Verlustängste die er für Sie empfindet
- ♥ Sie können spüren was er gerade macht
- ♥ Es kann auch passieren, dass Sie zwischendurch überhaupt NICHTS von ihm wahrnehmen. Dass Sie ihn gerade eine zeitlang überhaupt NICHT spüren. So als ob die seelische Verbindung zu ihnen beiden unterbrochen wäre. Dann kann es sein dass ER gerade seine Gefühle sehr stark kontrolliert oder das ER sehr intensiv mit anderen Dingen beschäftigt ist. Beispielsweise sehr ausgeprägt und stark konzentriert mit seiner Arbeit zu tun hat. Oder mit seinen Kindern zusammen ist. Gerade bei letzterem ist er nämlich SEHR abgelenkt und gedanklich dann nicht bei Ihnen. Dann können Sie sogar ganz deutlich spüren, wie glücklich er gerade ist.

Dass Sie tatsächlich Ihr Dual spüren und nicht sich selbst, erkennen Sie daran, wenn diese Gefühle oder Gedanken sehr plötzlich und heftig in Ihnen auftauchen. Obwohl Sie gerade völlig anderweitig beschäftigt sind und es Ihnen eigentlich gut geht.

Das kann im übrigen auch im persönlichen Kontakt passieren. Wenn Sie sich körperlich gerade sehr nahe sind. Wenn sie nebeneinandersitzen. Oder nebeneinander herlaufen. Sie wissen dann ganz plötzlich was Ihr Dual gerade denkt. Sie spüren was er gerade fühlt. Auch WISSEN Sie in diesen Momenten, dass das gerade nicht Sie selbst sind die so fühlen und denken.

18.10. Warum plötzlich permanent Synchronizitäten in unserem Leben auftauchen

Synchronizitäten tauchen sehr oft gerade dann auf, wenn wir wieder einmal an der Liebe unseres Seelenpartners **zweifeln**.

Es gibt Phasen, da haben wir ständig damit zu tun. Beispielsweise sehen wir permanent „Schnapszahlen", wenn wir auf die Uhr sehen. Wie 11.11. oder 12.12 oder 21.21. Oder Autokennzeichen mit 333 oder 222 oder 888.

Oder wenn wir an unser Dual denken, sehen wir plötzlich seinen Namen oder unsere gemeinsamen Initialen auffällig oft irgendwo. Oder eine Frage die wir innerlich in uns tragen beantwortet sich mit einem „Satzfetzen" den wir irgendwo aufschnappen, in einem Song den wir hören.

Oder wir sehen oder lesen irgendetwas dass unmittelbar „nur" mit ihm zu tun hat. Dass uns eindeutig mit unserem Dual verbindet.

Und so werden wir daran „erinnert", dass wir und unser Dual zusammengehören. Dass wir VERTRAUEN sollen.

Auch bestimmte Zahlen haben eine ganz besondere Bedeutung bei Dual-, und Zwillingsseelen. Die zeitenweise permanent in unserem Leben immer wieder auftauchen.

Beispielsweise sein Geburtsdatum oder eine Zahl die unbewusst schon unser Leben lang eine überaus wichtige Rolle für uns spielt. Ohne dass wir wussten was genau dahintersteckt.

19. Warum auf einmal alles doch ganz anders ist

Bevor wir in unserem Leben auf unsere Dualseele getroffen sind, haben wir uns oft im wahrsten Sinne des Wortes im ‚Dornröschenschlaf' befunden. Und haben gehofft, dass zur richtigen Zeit in unserem Leben der passende Partner / die passende Partnerin vorbeikommt. Und uns aus unserem jahrelangen Schlaf des ‚Wartens' wachküsst.

Das bedeutet, wir haben uns in einem emotionalen und seelischen Mangel befunden. Und haben im wahrsten Sinne des Wortes darauf gewartet, dass uns jemand von außen aus diesem inneren Mangel befreit.

Der Haken dabei war aber, dass unser Dual nicht deshalb in unser Leben gekommen ist, um die hochgewachsene Hecke die wir um uns herum errichtet haben, niederzureißen. Er hat sich auch nicht durch die undurchdringlichen Dornen dieser Hecke gekämpft, um uns den langersehnten Kuss zum „aufwachen" zu geben.

Das war der Irrglaube der Konditionierungen und falschen Glaubenssätze in uns. Mit denen wir viele Jahre unseres Lebens verbringen mussten.

Denn die dichte Dornenhecke der Eigenbegrenzung um unseren emotionalen und seelischen Mangel herum, haben wir unwissentlich selbst wachsen und gedeihen lassen. Auch wenn wir diese Hecke nicht selbst angepflanzt haben. Denn die Wurzeln dieser Hecke liegen meist in unserer Kindheit begraben. Weil wir durch die Erziehung unserer Eltern gewisse Dinge gelernt und anerzogen bekommen haben. So dass wir genau nach diesen anerzogenen und von unseren Eltern übernommenen Mustern gedacht und nicht gedacht, gefühlt bzw. eben nicht gefühlt und gehandelt und auch nicht gehandelt haben.

Weil wir es nicht durften. Und deshalb haben wir uns gewisse Dinge selber nie erlaubt. Weil wir Angst vor der Erfüllung hatten. Weil wir die Erfüllung nicht kannten. Wir kannten nur den Mangel. Und haben deshalb entsprechend gelebt.

Und genau deshalb konnten wir uns ausschließlich aus UNS SELBST heraus aus dieser mehr oder weniger dichten Dornenhecke befreien. Das konnte kein Partner / keine Partnerin im Außen für uns erledigen. Denn dafür war er oder sie nicht da. Dafür ist unser Dual nicht da.

Wir mussten von selbst „aufwachen". Und uns aus dieser jahrelangen Haltung des „Wartens" und „Hoffens" auf emotionale und seelische Erfüllung aus eigener Kraft befreien.

Unsere Dualseele kam deshalb im genau richtigen Augenblick und zum genau passenden Zeitpunkt in unser Leben. Um uns genau darin zu unterstützen. Da beide untrennbar miteinander verbunden sind.

Und genau aus diesem Grunde hält uns unser Dual auch so unvergleichlich intensiv den Spiegel vor.

Und berührt mit seinem vermeintlich „gefühllosen" und verweigernden Verhalten uns gegenüber, jeglichen emotionalen Mangel und jeglichen seelischen Schmerz, in jeglicher Faser unseres Seins. So dass wir überhaupt nicht anders konnten, als ‚gezwungenermaßen' unser sensibles Sein von Grund auf neu zu sortieren und uns ganz bewusst zu heilen.

Da wir uns nur auf diese Weise so immens weiterentwickeln konnten. Um letztendlich ganz bei uns anzukommen. Und gelassen und entspannt in unserer ureigenen Mitte zu ruhen.

Nur indem wir ganz genau hingesehen haben in diesen Spiegel – der so klar und präzise geschliffen ist, dass uns das hinsehen tatsächlich unvergleichliche Schmerzen bereitet – waren wir in der Lage uns selbst zu heilen. Und tatkräftig unsere selbst hochgezogene Dornenhecke niederzureißen. Unseren seelischen Selbstschutz und unsere emotionale Eigenbegrenzung so von innen heraus aufzulösen.

Das bedeutet, dass wir durch unsere Dualseele tatsächlich aufwachen konnten aus unserem jahrelangen ‚Dornröschenschlaf'. Um unser Glück endlich selbst in die Hand zu nehmen. Und nicht mehr darauf zu warten, dass uns jemand im Außen all unsere emotionalen und seelischen Mängel erfüllt. Da wir begriffen haben, dass das ganz und gar unmöglich ist.

Auch wenn es uns aufgrund unserer sensiblen Seele immer noch unbeschreiblich weh tut und quält, dass unser Dual sich so lange dieser grenzenlosen tiefen Liebe verweigert.

Dies alles ist ein unbeschreiblich kostbares und wertvolles Geschenk des Lebens an uns.

Nur indem wir gelernt haben uns selbst vollkommen zu vertrauen, haben wir den Weg heraus aus unseren inneren Mangelzuständen gefunden. Und können nun bewusst den Weg einer unbeschreiblichen Fülle gehen.

Den Schlüssel um unsere Dornenhecke der emotionalen und seelischen Eigenbegrenzung um uns herum niederzureißen, haben wir in uns selbst gefunden. Wir haben begriffen, dass diesen Schlüssel absolut niemand im Außen besitzt. Diesen Schlüssel konnten und mussten wir ausschließlich in uns selbst entdecken.

Genau darin hat unser Dual uns unterstützt. Und wenn wir es „richtig" angestellt haben, ist er immer noch hier bei uns. In unserem Leben. Auch wenn ER jetzt immer noch lernen und SEINE Ängste beseitigen muss.

Wenn die Dornenhecke unserer Selbstbegrenzung dann fällt...

Wenn wir Herzmenschen irgendwann aus unserem ‚Dornröschenschlaf' dann vollends aufgewacht sind, wird uns mit einem Mal glasklar bewusst, dass mit unserer Dualseele dem Kopfmenschen, alles vollkommen anders ist, als wir die ganze Zeit gedacht haben.

Mit einem Mal sehen wir erschreckend klar, wie sehr und wie tief unsere Dualseele uns die ganze Zeit absolut bedingungslos liebt. Denn immer dann, wenn wir unser Dual ernsthaft „brauchen", ist er für uns da. Und trägt und hält uns, fängt uns auf und beschützt uns. Und ist einfach nur passiv oder auch aktiv unterstützend für uns da. Er ist immer greifbar für uns. Wenn wir das so ‚wollen'. Allerdings nur dann wenn wir nicht ‚bedürftig' sind. Denn er spürt sofort, aus welchem Beweggrund heraus wir uns bei ihm melden. Und agiert und reagiert darauf entsprechend. Auch kann es natürlich nach wie vor passieren, dass er uns „ignoriert" wenn wir uns bei ihm melden. Das hat dann aber wieder irgendwelche Gründe. Über die wir uns dann ernsthaft Gedanken machen sollten. Denn wie schon immer wieder betont, hat ja alles seinen Sinn genauso wie es zwischen zwei zusammengehörenden Dualen geschieht.

Immer wenn wir unserem Dual erzählen wie sehr wir uns wieder weiterentwickelt haben, freut er sich unendlich für uns.

Niemals hat ER irgendwelche Forderungen, oder Erwartungen oder Bedingungen an uns gestellt. Es waren immer nur ausschließlich WIR, die diese Dinge von ihm ‚haben' wollten. Und er konnte und durfte sie uns nicht geben. Da wir sonst nicht gelernt hätten. Und uns nicht weiterentwickelt hätten. WIR SELBST waren es, die unsere inneren Begrenzungen auflösen mussten.

Immer und immer wieder hat er uns still mit seiner unerschütterlichen Engelsgeduld den Spiegel vorgehalten. Und vollkommen klaglos auf das leben dieser einzigartigen Liebe verzichtet.

WIR waren in Wahrheit die ganze Zeit der Part, der Angst hatte die Liebe wahrhaftig zu leben. WIR waren es die ganze Zeit, die uns der Liebe verweigert haben.

WIR konnten die Liebe nicht wirklich zulassen. Und WIR konnten die Liebe nicht aushalten. WIR konnten uns nicht bedingungslos in die Liebe hineinfallen lassen. WIR haben uns immer und immer wieder von uns selbst entfernt. Und uns immer wieder für andere verbogen. WIR waren es, die innerlich nicht stark genug waren bei UNS und in unserer ureigenen Mitte zu bleiben. Und WIR waren es, die sich nicht bedingungslos der Liebe hingeben konnten.

Weil wir nicht vertraut haben. Wir haben UNS SELBST nicht vertraut. Weil wir nicht gelernt haben uns selbst vertrauen zu DÜRFEN! Wir mussten als Kind immer brav sein, uns unterordnen und den Eltern gehorchen. Wir durften überhaupt nicht auf unsere Intuition und auf unser Gefühl vertrauen. Weil wir unsere Gefühle gar nicht wirklich spüren und leben durften. Unsere wahren Gefühle, unsere Intuition und unseren Ur-Instinkt mussten wir immer wegdrücken. Und durften nicht danach leben. So ist es kein Wunder, wenn wir das als Erwachsene oft nicht können. Und massive Angst davor haben, uns selbst zu vertrauen. Weil wir gar nicht GLAUBEN, was wir da natürlicherweise in uns spüren.

Und natürlich haben wir dann auch die entsprechenden Partner und Partnerinnen in unser Leben gezogen. Die uns auch wieder nicht das gegeben haben, was wir uns so sehnsuchtsvoll von ihnen gewünscht haben. Sie konnten es uns auch nicht geben. Da sie sich selbst in einem gewaltigen inneren Mangel befunden haben.

Auf all dieses macht unser Dual uns aufmerksam. Indem er uns immer wieder den präzise geschliffenen und kristallklaren Spiegel vorhält. So dass wir gar nicht anders können, als die absolute Wahrheit zu sehen.

WIR waren es, die unserem Dual vorgeworfen haben dass er unsere

Liebe nicht annehmen würde. Dass er unsere Liebe angeblich nicht will. Dass er diese Liebe angeblich nicht aushält. Dass er sich nicht in die Liebe zu uns fallen lässt. WIR fordern ihn immer wieder auf, uns seine Liebe doch endlich zu offenbaren. Und uns seine Liebe zu zeigen. Derweil tut er das ja schon die ganze Zeit! Wir haben nur nicht genau hingesehen.

Unser Dual – der Kopfmensch – tut von Anfang an Dinge für uns, die nur ein wahrhaftig liebender Mensch tut.

Er hält uns und unsere Liebe die ganze Zeit schon aus! Und ist uns der emotionale ‚Fels in der Brandung'. Gerade indem er das was von uns kommt, ins Leere laufen lässt. Nicht darauf reagiert. Und verbal nicht „zurückschießt". Still und geduldig wartet er darauf dass wir ihn endlich einholen.

Denn in Wahrheit ist unser Dual der Kopfmensch, schon lange vor uns in seiner ureigenen Mitte angekommen.

ER ist in Wahrheit emotional viel stärker, als uns die ganze Zeit über bewusst war. Bisher dachten wir immer, dass WIR es sind, die wahrhaftig und bedingungslos lieben würden.

Derweil liebt unser Dual uns tatsächlich bedingungslos! Und zwar von Anfang an! Wir konnten dies nur aufgrund unserer selbst hochgezogenen Dornenhecke nicht sehen. Diese Wahrheit war bisher unseren Blicken verborgen. Aber nicht von außen, sondern aus unserem ureigenen Inneren heraus.

WIR waren es, die sich aus purer Angst die ganze Zeit der Liebe begrenzt haben. Das war NICHT unser Dual!

Denn WIR sind geflüchtet und auf Rückzug gegangen wenn unser Dual uns seelisch und emotional zu nahe kam. Weil uns das „unheimlich" war. Weil wir nicht glauben konnten, dass er tatsächlich aus reiner und tiefer Liebe die Nähe zu uns sucht. Und anstatt das einfach nur zu genießen und auszuhalten und uns heineinfallen zu lassen in diese wundervollen und einzigartigen Gefühle, sind wir misstrauisch geworden. Und haben den Haken an der Sache gesucht. Wo es weit und breit definitiv keinen einzigen Haken zu finden gibt. Denn es ist schlicht und ergreifend einfach die wahrhaftige Liebe, die die beiden zusammengehörenden Duale verbindet.

Aber wir haben aus purer Angst die innige Nähe zu unserem Dual sabotiert. WIR haben uns unserem Dual verweigert. Und den Kontakt zu ihm zumindest zeitenweise minimiert.

Auch die Menschen die den Kontakt zu ihrem Dual vollkommen abbrechen und nichts mehr mit ihm oder ihr zu tun haben möchten, tun dies aus reiner und purer Angst. Aus Angst vor der wahrhaftigen Liebe!

Leider ist diesen Menschen das absolut nicht bewusst. Aber sie laufen eigentlich vor der wahrhaftigen Liebe weg. Nicht vor ihrem Dual. Leiden am Ende dann aber Höllenqualen. Und wundern sich, warum es ihnen so schlecht geht. Denn sie wollen ja eigentlich geliebt werden. Verhindern aber durch den Kontaktabbruch zu ihrem Dual genau das. So kann die wahre Liebe NICHT Einzug halten in deren Leben. So kann die wahre Liebe nicht fließen.

Denn Kontaktabbruch bedeutet Verweigerung. Das hat absolut NICHTS mit wahrhaftiger und bedingungsloser Liebe zu tun! Das hat auch NICHTS mit emotionaler Unabhängigkeit und einem wirklichen ‚annehmen' der Situation zu tun. Das ist dann vollkommen falsch verstandenes „Loslassen".

Kontaktabbrucht bedeutet, dass man sich mit der ganzen Thematik nicht auseinandersetzen möchte. Dass man sich mit seinen eigenen emotionalen und seelischen Defiziten nicht beschäftigen will. Weil man die emotionalen und seelischen Schmerzen nicht aushält, die die Verarbeitung all dieser inneren Mangelzustände mit sich bringt.

Auch weigert man sich so, die wahrhaftige Liebe wirklich zu spüren. Und sie zu ‚empfangen' und anzunehmen. Und auch sie auszuhalten. Weil man gar nicht weiß wie man mit der wahrhaftigen Liebe überhaupt umgehen soll.

Bedeutet, man befindet sich dann überall, aber niemals in seiner ureigenen Mitte. Und die inneren Schatten können so nicht verschwinden. Sie können sich mit einer falsch verstandenen Flucht nicht auflösen.

Wer aus falschen Beweggründen heraus den Kontakt zu seiner echten Dualseele abbricht und nichts mehr mit diesem Menschen zu tun haben möchte, kann erstens nicht bedingungslos lieben und zweitens hat er oder sie den Sinn der Dualseelenbegegnung dann überhaupt nicht verstanden. Dann darf man sich aber auch nicht wundern, dass das Dual sich überhaupt nicht mehr meldet. Und sich ebenfalls komplett aus dem eigenen Leben zurückzieht. Denn die Dualseelen spüren es sehr genau WARUM man sich in Wahrheit von ihm zurückzieht. Und mit seinem Verhalten bzw. seinem Fernbleiben tut er ja wiederum auch nichts anderes, als genau das zu spiegeln.

Wenn man das Gefühl hat dass man von seiner Dualseele – und auch von anderen Menschen – schlecht behandelt wird, kommt das ganz einfach daher, dass man SICH SELBST schlecht behandelt! Und die Dualseele spiegelt einem genau das mit seinem Verhalten. Er oder sie tut das nicht absichtlich.

Auch kann es sein, dass es sich gar nicht um echte Dualseelen handelt. Denn wenn man seine echte Dualseele bewusst von sich schiebt, lässt einen das vor Kummer früher oder später fast verrückt werden. Da man es nicht erträgt, ohne den anderen zu sein. Da echte Dualseelen ja immer untrennbar miteinander verbunden sind.

Diese Menschen werden dann immer wieder in ihren alten Mustern gefangen bleiben. Und immer wieder die „falschen" Partner und Partnerinnen für sich in ihr Leben ziehen. So werden sie niemals die

Erfüllung und Normalität der wahrhaftigen Liebe leben können. Werden Sie im Gegenteil immer im Netz der unerfüllten Sehnsucht gefangen sein. Und das genau solange, bis sie wirklich gelernt und sich tatsächlich weiterentwickelt haben.

Aber zurück zu UNS - die wir durch unseren Entwicklungsprozess durch sind. Und den Sinn der Dualseelenliebe sehr wohl verstanden haben.

Wir haben uns innige Nähe zu unserem Dual ja immer gewünscht. Tiefe Sehnsucht hat uns gequält und wir haben gelitten wie sonst was, wenn er nicht bei uns war. Wenn wir ihn nicht sehen oder wenigstens am Telefon hören konnten. Lange Zeit war uns nicht bewusst, das wir selbst „schuld" an diesem fatalen Kreislauf des unendlichen Leidens hatten. Weil wir selbst uns da hineinmanövriert haben.

Gleichzeitig haben wir die „Schuld" immer auf die Menschen aus unserer Vergangenheit geschoben, die uns vermeintlich nicht geliebt haben. Oder die uns auch heute vermeintlich nicht lieben. Weil auch sie ihre Liebe zu uns vielleicht nicht zeigen können. Dabei kann es sich auch um Familienmitglieder handeln. Die grundsätzlich vollkommen „unterkühlt" wirken. Und vermeintlich keine Gefühle haben. Aber auch sie haben ja ihre Erfahrungen mit wiederum ihrer Vergangenheit. Und sind ebenfalls in ihren Mustern gefangen. Und auch diese Menschen sind in Denk,- Gefühls- und Verhaltensweisen verstrickt, die sie nicht anders händeln können. Ganz einfach, weil sie es nicht besser wissen.

Bisher waren wir immer der Meinung, dass wir sehr wohl wirklich lieben und innige Nähe zulassen können. Die anderen aber nicht. Welch ein fataler Irrglaube und Trugschluss von uns! Denn es war genau andersherum.

Wirklich geliebt haben wir sehr wohl. Aber wir hatten gravierende Angst geliebt zu WERDEN!

Unserem Dual ist ja gar nichts anderes übrig geblieben als sich daraufhin immer wieder vor uns zurückzuziehen. Und zwar aus einem einzigen Grunde. Um SEIN offenes und uns zutiefst liebendes Herz vor erneuter Verletzung und Enttäuschung zu schützen. Er musste sich vor UNS und unserer Angst wahrhaftig von ihm geliebt zu werden schützen!

Er WILL uns ja seine Liebe zeigen! Aber WIR haben das aus purer Angst nicht zugelassen.

Und wirklich niemals – kein einziges Mal – hat er uns einen Vorwurf deswegen gemacht. Immer hat er uns angenommen so wie wir sind. Auch mit unserer gewaltigen Angst, einfach nur von ihm geliebt zu werden. Und ihm wirklich innig nah zu sein.

Er KONNTE überhaupt nicht anders handeln, als er es getan hat. Auch wenn unserer sensiblen Seele das unendlich weh getan hat. WIR SELBST sind es in Wahrheit, die uns die ganze Zeit weh tun. Weil WIR es sind, die keine wirkliche Nähe und die Normalität in der Liebe ertragen haben.

Wenn wir an unsere Vergangenheit denken, waren WIR es die geflüchtet sind. wenn die Normalität in der Liebe eingekehrt ist. Wenn etwas nicht nach unserem Kopf gegangen ist. Wenn wir nicht die Liebe von unseren Partnern / Partnerinnen erhalten haben die wir von ihnen ‚haben' wollten. Ganz einfach weil uns Selbstliebe gefehlt hat. Weil uns Vertrauen, Selbstvertrauen und Selbstwert gefehlt hat. Weil wir nicht auf unsere Intuition und unseren natürlichen Ur-Instinkt gehört und vertraut haben. Weil wir das gar nicht KONNTEN. Denn wir haben es ja nie gelernt!

Wir waren absolut NICHT in unserer ureigenen Mitte. Wir waren auch niemals im Hier und Jetzt. Wir waren niemals emotional unabhängig. Sondern haben uns immer verbogen und von anderen verlangt und erwartet dass sie uns glücklich machen sollen.

Unsere Angst wahrhaftig und bedingungslos geliebt zu werden kommt ganz einfach daher, weil wir niemals in unserem Leben einfach so angenommen wurden wie wir sind.

Denn wir mussten uns immer anderen anpassen. Schon unsere Eltern haben uns nicht einfach SEIN lassen. Sondern sie haben uns nach deren Wünschen „geformt". Wir mussten deren Erwartungen erfüllen. Und wenn wir das nicht konnten, wurden wir mit Liebesentzug dafür betraft. Niemals wurden wir einfach so angenommen wie wir sind. Stattdessen sollten wir uns immer verändern. Weil wir vermeintlich nicht gut genug waren. Was uns ja immer wieder von anderen suggeriert wurde. Und wir haben das natürlich geglaubt. Denn als Kind glauben und vertrauen wir ja unseren Eltern ganz automatisch erst einmal vorbehaltslos. Weil wir denken dass schon alles richtig ist was sie tun. Obwohl wir vielleicht gerade als hochsensible Kinder schon ganz genau spüren, dass da irgendetwas ganz gewaltig schief läuft. Aber wir können uns nicht dagegen wehren.

Und dann als Erwachsene konnten wir es unseren jeweiligen Partnern und Partnerinnen nicht recht machen. Auch sie wollten uns permanent verändern. Und haben uns nicht akzeptiert und angenommen wie wir sind. Auch bei ihnen haben wir uns dann nicht gut genug gefühlt. Und sie haben uns das ja immer wieder spüren lassen mit ihren Erwartungen an uns. Die wir ihnen überhaupt nicht erfüllen KONNTEN. Weil das DEREN Erwartungen aus DEREN inneren Mangelzuständen waren. Die sie wiederum ebenfalls nur aus sich selbst heraus auflösen hätten können.

Da wir all dies aber nicht wussten, haben wir uns permanent für andere verbogen. Weil immer WIR der Meinung waren dass wir „falsch" sind. Dass wir nicht in Ordnung sind so wie wir sind. Dass wir es nicht „wert" sind. voll und ganz geliebt zu werden. Ohne jegliche Bedingungen von anderen erfüllen zu müssen.

Wir MUSSTEN also Angst davor entwickeln, absolut bedingungslos geliebt zu werden. Weil uns genau dies vollkommen fremd war.

Vor der Begegnung mit unserem Dual waren wir unser Leben lang immer im Netz der unerfüllten Sehnsüchte gefangen. Und dieses Netz hatte so irrsinnig große Löcher, dass wir die Fülle nicht festhalten konnten. Dass sie uns im Gegenteil immer wieder davongeflossen ist. Denn die Fülle konnte überhaupt nicht Einzug halten in unser Leben. Erst einmal mussten wir die riesigen und groben Löcher im Netz unserer tiefen Sehnsüchte reparieren und stopfen. Damit der Mangel aus unserem Leben verschwindet. Und die Fülle und somit die Erfüllung in unserem Leben Einzug halten und in unserem Leben BLEIBEN kann.

Diese Erkenntnisse, dass wir aufgrund unserer alten und falschen Muster vielleicht unser halbes Leben und länger auf die wirkliche Erfüllung der wahren Liebe „warten" mussten, tut so unbeschrieblich weh, dass man überhaupt keine passenden Worte dafür findet.

Deshalb sollten wir unserer Dualseele grenzenlos und zutiefst dankbar sein für das was er die ganze Zeit für uns tut!!

Denn kein anderer Mensch hat jemals in unserem Leben so viel Gutes – ja wahre Wunder - in uns bewirkt, wie unser Dual dazu fähig ist. Ausschließlich ER nimmt uns ganz genauso an und liebt uns ganz genauso wie wir sind.

Unsere Kinder schließe ich hier einmal ganz bewusst aus. Da sie uns natürlich auf einer vollkommen anderen Ebene ebenso vorbehaltslos und bedingungslos lieben wie wir sie (hoffentlich!).

Durch unser Dual konnten wir unser sensibles Innenleben heilen. Und zwar KOMPLETT!

Und endlich einmal können und dürfen wir genauso sein wie wir eigentlich schon immer sind.

Nur unsere falschen und unpassenden Denk- und Verhaltensmuster, familiäre Verstrickungen und nicht ausgelebte und bewusst gespürte Gefühle und Emotionen haben uns daran gehindert einfach WIR SELBST zu sein. Bestimmte Personen aus unserer Vergangenheit haben uns daran gehindert, wir selbst zu sein. Weil diese Personen selbst nicht gelassen und entspannt in ihrer ureigenen Mitte ruhen. Und deshalb ebenso aus Angst agieren. Und auch reagieren. Deshalb konnten sie uns überhaupt niemals so annehmen wie wir sind. Weil sie selbst nicht so sind wie sie sind. Und genau das macht ihnen unbewusst gravierende Angst.

Was wir auch daran merken, dass genau diese Personen überhaupt nicht damit klar kommen dass WIR uns so sehr verändert haben. Dass wir quasi eine innere Kehrtwende um hundertachtzig Grad gemacht haben. Ja machen MUSSTEN. Um endlich zu uns selbst zu finden. Und ganz in unserer ureigenen Mitte anzukommen.

Diesen Personen macht genau dies massive Angst. Weil sie mit unserer Veränderung nicht umgehen können. Sie können nicht mehr mithalten mit uns. Da wir uns mittlerweile auf einem völlig anderen und viel höheren Bewusstseinslevel befinden als all die Personen, die uns immer daran gehindert haben, WIR SELBST zu sein.

Manche dieser Personen passen nun nicht mehr zu uns und in unser Leben. Weil sie uns weder emotional noch seelisch irgendetwas geben. Tun sie uns im Gegenteil spürbar nicht gut. Sie schaden uns. Eben WEIL sie in ihren alten Mustern und im inneren Mangel gefangen sind.

Irgendwann haben wir dann auch die letzte störende und uns auf unserem Lebensweg permanent ausbremsende Fessel unserer inneren Begrenzungen abgestreift.

Mit aller Macht haben wir die letzten Reste unserer selbst hochgezogenen Dornenhecke niedergetrampelt. Und können unser „Nest" – unser von uns selbst geschütztes ‚Dornröschenschloss' endlich aus eigener Kraft verlassen.

Wir fühlen uns endlich vollkommen befreit. Seelisch und emotional absolut frei.

Und haben freie Sicht auf die Wahrheit. Wir haben nun keine Angst mehr die ‚Normalität' der Liebe – die nach der Erfüllung ja automatisch kommt – zuzulassen. Und die ‚Normalität' dieser Liebe auch zu leben. Und sie auszuhalten.

Wir haben keine Angst mehr davor, wahrhaftig geliebt zu werden. Und innige Nähe auch auszuhalten.

Wir brauchen die Dornenhecke unserer seelischen und emotionalen Eigenbegrenzung nicht mehr. Denn wir können uns nun in die Liebe vertrauensvoll hineinfallen lassen. Wir haben auch keine Angst mehr, seelisch und emotional „nackt" dazustehen. Und uns verletzbar zu zeigen.

Denn wir haben gelernt gesunde Grenzen zu setzen wenn uns etwas nicht gut tut. Oder wenn uns etwas nicht gefällt. Und wir kennen unseren Selbstwert.

Unser Leben und die Liebe kann nun ohne jegliche Blockaden vollkommen frei fließen. Denn wir sind emotional absolut unabhängig geworden. Und wir können die wahrhaftige Liebe bedingungslos empfangen, zulassen, bewusst fühlen, aushalten und leben. Da wir uns vollkommen in unserer ureigenen Mitte befinden. So wie die brennende Flamme einer Kerze sich ganz in ihrer Mitte befindet.

Genau darum geht es letztendlich in dieser unendlich tiefen und grenzenlosen Seelenliebe.

Um das ausgleichen der Weiblichkeit und Männlichkeit. Damit sich alles in natürlicher Balance zueinander befindet. Denn bisher waren die weiblichen und männlichen Anteile falsch zwischen den Dualen verteilt. Jetzt sind sie wieder in innerer Harmonie und Ausgewogenheit zueinander.

Es geht auch darum, uns von allen ungesunden und belastenden Dinge zu lösen, die unseren individuellen Lebensweg ausbremsen und blockieren. So dass wir endlich in unserer ureigenen ‚Lebensgeschwindigkeit' leben und lieben können.

Dazu gehört auch, dass der Kopfmensch sich aus seinen gravierenden Ängsten herausschält und löst.

Dass er aufhört, aus Angst immer wieder die Flucht zu ergreifen. Dass er aufhört, sein zutiefst liebendes und verletzbares Herz zu schützen, indem er seine Liebe zu uns ständig kontrolliert und unterdrückt.

Dass auch unser zutiefst geliebtes Dual seine Liebe zu uns endlich vollkommen zulässt. Sich seiner Liebe zu uns absolut hingibt. Nicht mehr nur tröpfchenweise, sondern zu einhundert Prozent. Und diese Liebe zu uns dann auch absolut offen lebt. Und sich zu uns bekennt. Ohne aus Angst etwas in sich zurückzubehalten. Denn solange begrenzt auch er sich immer und immer wieder.

Um genau dahinzukommen, brauchen die beiden zusammengehörenden Duale sich gegenseitig.

Wir Herzmenschen brauchen unseren Kopfmenschen – und unser zutiefst geliebter Kopfmensch braucht uns als Herzmenschen. Denn nur so kann innere Ausgewogenheit und Harmonie entstehen. Nur so können beide sich wirklich weiterentwickeln. Und ganz in ihre ureigene Mitte finden.

Der Kopfmensch braucht uns als Gegenstück, um zu lernen, seine grenzenlos tiefe Liebe zuzulassen. Uns diese Liebe wirklich zu ‚geben'. Damit wir sie auch wahrhaftig ‚empfangen' können. Er muss lernen, Liebe zu ‚geben', ohne sich dabei zu kontrollieren. Er muss lernen, sich uns vertrauensvoll und ganz und gar zu öffnen.

Um dann letztendlich mit unserem ICH und seinem DU in ein vollkommen ausbalanciertes und geheiltes gemeinsames WIR zu kommen. Um dann eine echte und dauerhafte Beziehung und Partnerschaft miteinander aufzubauen.

Denn eine wirkliche Beziehung und Partnerschaft mit unserem Dual ist definitiv lebbar.

Und zwar genau dann, wenn beide Duale sich vollkommen in ihrer ureigenen Mitte und somit in natürlicher Harmonie und Ausgewogenheit zueinander befinden.

Zwischen zwei zusammengehörenden Dualen geht es nicht darum, dass eigene Ego aufzulösen. Und überhaupt nichts mehr zu ‚wollen'.

Sondern es geht ganz einfach darum, uns unabhängig zu machen von allem was uns seelisch und emotional belastet und schadet. Es geht darum, uns von nichts und niemandem mehr beeinflussen zu lassen bei dem was wir tun. Denn es ist alleine unsere Eigenverantwortung, die für unsere Entscheidungen aus reinem und freien Willen heraus zählt.

Natürlich können wir uns Meinungen und Tipps von anderen holen. Aber letztendlich OHNE unsere ureigene Mitte zu verlassen. Sondern auf uns selbst zu schauen. Bei UNS zu bleiben und uns nicht von uns selbst wegzubewegen. Nur das zu tun, was wir auch wirklich aus unserem reinen und freien Willen heraus tun wollen. Was uns auch wirklich gut tut. Was sich wirklich richtig und passend und ‚stimmig' für uns anfühlt. Und vor allem was wirklich wichtig für uns ganz persönlich ist. Wir lassen uns nun nicht mehr von anderen beeinflussen und manipulieren. Oder emotional erpressen. Denn wir sind in uns selbst „rund" geworden.

Es geht darum, unser Leben endlich einmal in Ausgeglichenheit und Harmonie zu FÜHLEN.

Nicht nach unserem Kopf und aus unseren Gedanken heraus zu handeln und zu agieren. Sondern alleine auf unser Herz, unsere Seele, unsere Intuition und unseren natürlichen Instinkt zu hören.

Genau das lernen beide Duale sich gegenseitig. Denn einzig und alleine die wahrhaftige und allumfassende Liebe ist es, die letztendlich zählt.

Das eigene Ego aufzulösen, würde ja bedeuten, unser sensibles ICH zu eliminieren. Was faktisch gesehen ja vollkommen unmöglich ist. Denn ohne unser ICH – unser ureigenes wahres Selbst – würden wir ja nicht existieren und seelisch, emotional und geistig gesund leben können. Wir brauchen also unser sensibles ICH überlebensnotwendig für ein ausgeglichenes und gesundes sensibles Sein.

Außerdem ist es ein absoluter Widerspruch in sich, das eigene Ego aufzulösen – wenn es doch genau darum geht, in unsere ureigene Mitte zurückzufinden. Und unser wahres Selbst zu SEIN. Es geht also überhaupt nicht, unser eigenes Ego aufzulösen. Denn sonst können wir überhaupt gar NICHT wir selbst SEIN.

Wenn wir einfach kapitulieren und entgegen unserer Intuition, unserem Herzen und unserer Seele aufgeben würden etwas ‚haben' zu wollen, würden wir ja absolut falsch verstandene „Akzeptanz" ausüben. Dann würden wir die Dinge ja einfach nur „hinnehmen". Und darauf verzichten, weil wir die Dinge aus irgendwelchen Gründen einfach nicht ‚haben' können. Wir würden die Dinge aber niemals wirklich ‚annehmen'. Außerdem hieße das ja auch, dass wir uns wiederum selbst aufgeben würden. Und uns wiederum verbiegen. Weil wir dann die Dinge einfach nur klaglos von uns wegschieben und lediglich „ertragen" würden. Da wir das, was wir „haben" wollen, emotional von uns abspalten. Um uns hinter einer falschen (spirituellen) Fassade zu verstecken. Und unsere wahren

Gefühle und Emotionen nicht spüren zu müssen. Das hat absolut NICHTS mit wirklichem annehmen und nichts ‚haben' wollen zu tun.

Denn natürlich will man die Dinge die man wirklich liebt ‚haben'. Es ist nur ein gewaltiger Unterschied, ob man dies aus einer emotionalen ‚Bedürftigkeit' und einem inneren Mangel heraus ‚haben' möchte, oder aus reiner und tiefer Liebe ohne jegliche Erwartungshaltung.

Wenn man aus bedingungsloser, wahrer Liebe angeblich nichts mehr ‚haben' und ‚wollen' darf, wo bliebe dann die wahrhaftige Menschlichkeit? Die wahrhaftige Liebe? Das lebendige und liebevolle ‚Miteinander-Sein'?

Nein, das wäre nach meiner Definition dann alles , aber definitiv keine wahrhaftige Liebe! Dann würden wir ja nicht mehr fühlen, sondern nur noch irgendwie funktionieren. Und das ist ja nun wirklich nicht Sinn und Zweck einer wahrhaftigen Liebe. Und das wäre dann auch nicht der Sinn einer echten Dualseelenbeziehung.

Jeder Pol braucht seinen Gegenpol. Nur so kann die natürliche Harmonie erhalten bleiben.

Kopfmensch und Herzmensch. Vom ICH und DU zum gemeinsamen und geheilten WIR.

Natürlich braucht trotzdem jeder sein ‚Ego' – seinen freien Willen. Wahrhaftige und bedingungslose Liebe „passiert" freiwillig. Sie IST einfach nur. Dennoch trifft jeder für sich seine eigenen Entscheidungen. Und will natürlich noch gewisse Dinge trotzdem ‚haben'. Was ja auch vollkommen legitim ist. Denn wir sind Menschen und keine gefühllosen Roboter. Natürlich dürfen wir Dinge einfach so ‚haben' wollen. Solange es eben nicht aus einer emotionalen ‚Bedürftigkeit' heraus geschieht. Und wir nicht falsche Erwartungen daran knüpfen.

Wahre Seelenliebe ist unbeschreiblich tief und intensiv und absolut grenzenlos. Sie ist mit nichts vergleichbar. Sie ist ein unbeschreiblich kostbarer und wertvoller Schatz, den es zu bewahren gilt.

Wenn jeder der beiden Duale sich in seiner ureigenen Mitte befindet, kann die natürliche (Liebes-) Energie vollkommen frei und ohne jegliche Blockaden fließen. Und diese wahrhaftige und allumfassende Liebe kann tatsächlich gemeinsam gelebt werden.

Wenn beide Duale – der Kopfmensch und der Herzmensch – die Liebe in sich zu einhundertprozent zulassen und leben, überstrahlt diese Liebe alles andere.

Diese Liebe ist absolut einzigartig. Und vollkommen einmalig. Und wirkt sich auch auf das gesamte Umfeld der beiden Duale aus.

Beide Duale – der Kopfmensch und der Herzmensch – bekommen gegenseitig diesen kristallklaren und präzise geschliffenen Spiegel vom jeweils anderen vorgehalten. Vor dem absolut nichts verborgen bleibt. Da beide Duale ja eins sind.

DU bist ICH – ICH bin DU – WIR sind EINS...!

Und jedes Mal, wenn wir in diesen Spiegel sehen, sehen wir im anderen UNS SELBST!

Deshalb „muss" auch der Kopfmensch immer wieder die Flucht vor seinem Herzensmenschen ergreifen, solange dieser noch emotional 'bedürftig' und im inneren Mangel ist. Weil SEIN Herz keine hochgezogene Dornenhecke um sich herum besitzt. Sein Herz ist von Anfang an für uns absolut offen. Und somit aufs tiefste verletzbar. Denn jedes Mal wenn unser Dual uns SIEHT, befindet er sich sofort und auf der Stelle in seinem offenen und ungeschützten Herzen. Und das ist es, was ihm eine Riesenangst einjagt.

Jetzt sind mit einem Mal wir Herzmenschen diejenigen, die gelassen und entspannt in unserer ureigenen Mitte ruhen. Und es braucht von uns ein letztes Quentchen Geduld, bis auch unser Dual so weit ist. Und seine Liebe zu uns offen lebt. Und eine wirkliche und feste Bindung mit uns zulassen kann.

20. Wie wir in Harmonie und somit in unsere ureigene Mitte finden

Harmonie ist ein natürlicher Seins-Zustand. Und somit IMMER vorhanden. Wir sehen diese Tatsache nur leider allzu oft nicht. Da wir damit beschäftigt sind uns anderen Dingen zu widmen. Wir legen unseren Fokus ganz automatisch auf den Mangel in unserem Leben. Und konzentrieren uns permanent auf die Dinge, die wir NICHT haben. Wir sind ständig damit beschäftigt Dinge die abwesend sind, ‚haben' zu wollen. Und sehen währenddessen nicht, was schon die ganze Zeit anwesend ist in unserem Leben.

Es sind NICHT die äußeren Umstände die die Harmonie stören. Sondern WIR sind es, die nicht in Harmonie mit UNS SELBST sind. Das ist ganz einfach das Prinzip von Ursache und Wirkung. Nur wenn wir selbst IN Harmonie – also ganz in unserer eigenen Mitte sind – können wir diese natürliche Harmonie nach außen hin aussenden. Damit so diese Harmonie wieder zu uns zurückkommt. Nur indem wir also SELBST in Harmonie sind, können wir Harmonie in unser Leben ziehen.

Das gesamte Leben ist von Natur aus harmonisch. Alles fließt. Alles befindet sich im ständigen Fluss. Alles ist lebendige Energie. Alles lebendige ist mit allem verbunden. Alles schwingt. Alles ist in Bewegung. Wie ein Pendel. Unaufhörlich. Nach allen Seiten. Nach rechts und links, nach oben und unten. Vor und zurück. Nach innen und außen. Jeder Pol braucht einen Gegenpol. Jedes Gewicht braucht ein Gegengewicht. Alles Unbewusste braucht auch Bewusstes. Nur so kann Gleichklang entstehen. Und alles ist ausbalanciert. Eben in Harmonie.

Wir brauchen Dunkelheit um Licht sehen zu können. Da wo die Anwesenheit von Licht ist, gibt es keine Dunkelheit. Erst die Abwesenheit von Licht zeigt uns die Dunkelheit. Aber nur in der Dunkelheit können wir die Sterne betrachten. Wir brauchen also auch die Dunkelheit, um den Sonnenaufgang – das Licht, den Tagesanbruch – sehen zu können. Ohne Nacht gäbe es keine Sterne für uns. Und ohne Tag gäbe es kein Licht, also keine Sonne. Alles bedingt einander. Alles strebt natürlicherweise danach, vereinigt zu werden. Ordnung und Chaos, Gut und Böse, Yin und Yang - männlich und weiblich.

Das Licht einer brennenden Kerze wirft keinen Schatten. Da es sich vollkommen in seiner Mitte befindet. Es ist von Natur aus IN Harmonie.

Licht ist Liebe. Und Liebe ist ein Seins-Zustand. Alles was NICHT Liebe ist, ist künstlich herbeigeführt. Und somit auch NICHT in Harmonie.

Womit nun wir Menschen sehr oft beschäftigt sind ist, uns mit genau den Dingen zu befassen, die wir überhaupt nicht brauchen können in unserem Leben. Da sie den natürlich angelegten Lebensfluss blockieren. Die Energie kann so nicht mehr fließen und und schwingen. Wir drehen uns nur noch im Kreis. Und es herrscht Stillstand in unserem Leben. Und wir wundern uns dann, wenn wir nicht mehr weiterkommen mit gewissen Dingen. Vergessen dabei aber meist, dass ausschließlich WIR SELBST es sind, die diesen natürlichen Lebenszyklus blockieren.

Weil wir uns auf unsere Blockaden konzentrieren. Anstatt uns vertrauensvoll im Fluss des Lebens treiben zu lassen.

Körper, Geist und Seele sind eine untrennbare Einheit. Solange alles ausbalanciert und im Gleichgewicht ist, ist alles in bester Ordnung. Sobald aber eine innere Blockade in uns auftaucht, aus welchem Grund auch immer sie sich in uns manifestiert, ist dieses natürliche Gleichgewicht – die Harmonie in uns – gestört. Und wir werden krank. Krankheit ist eine Manifestation dessen, dass wir nicht wir selber sind. Sondern uns permanent verbiegen. Für uns selbst und für andere. Wir vebiegen uns, um Dinge von anderen zu bekommen, weil wir das so ERWARTEN. Derweil wissen wir aber oft nicht, dass andere uns überhaupt nicht geben KÖNNEN, was wir so dringend von ihnen ‚haben' wollen. Dass ausschließlich WIR SELBST es sind, die uns diese Dinge erfüllen können. Und wir so auch ganz schnell wieder in unserer Mitte und somit in innerer Harmonie wären. Da wir aber permanent darauf WARTEN dass andere uns unsere Bedürfnisse, Wünsche und Sehnsüchte erfüllen, leben wir im Ungleichgewicht mit uns selbst. Wir befinden uns in einem inneren Mangel, den wir selbst aufrecht erhalten. Bis wir lernen, uns diese Dinge selbst zu erfüllen. Und die anderen einfach SEIN lassen.

Andersherum ist es dasselbe.

Wir verbiegen uns, WEIL andere von uns ebenfalls Dinge ERWARTEN, die wir ihnen wiederum NICHT erfüllen können. Weil das DEREN Erwartungen, Wünsche, Bedürfnisse und Sehnsüchte sind. Auch sie WARTEN wiederum darauf, dass ANDERE ihnen ihren inneren Mangel ausgleichen. Und kommen gar nicht auf die Idee, sich selbst darum zu kümmern sich zu ERFÜLLEN. Und sich so selbst wieder in Harmonie – in den natürlichen Seins-Zustand - zu versetzen. Und weil wir es oft nicht schaffen, den anderen ihre Bedürfnisse bzw. ihren inneren Mangel zu erfüllen, bekommen wir die Quittung. Denn permanent bekommen wir dann suggeriert, dass wir nicht gut genug sind wie wir sind. Also verbiegen wir uns noch mehr. Um gut genug zu werden. Was aber nicht funktioniert. Da wir uns immer noch mehr von uns selbst und von unserer inneren Mitte wegbewegen. Weil wir eigentlich die ganze Zeit schon gut genug sind. Diejenigen die von uns ständig verlangen uns zu verbiegen, SEHEN nur unseren wahren Wesenskern nicht. Und wir WISSEN nicht, dass wir wundervoll sind genauso wie wir sind. Weil uns das nie von irgendjemand gesagt wurde.

Bis unser Dual in unser Leben kommt. Und uns genauso annimmt wie wir sind.

Die natürliche Seins-Liebe kennt keine Schmerzen. Alles was weh tut und schmerzt, ist KEINE Liebe. Es ist die Abwesenheit von Liebe die uns so sehr leiden lässt. Und wir halten uns selbst in diesem Leid gefangen. Und zwar aus einem einzigen Grund. Aus reiner und purer Angst!

Angst schließt Liebe nicht aus, aber sie blockiert sie. Wir selbst blockieren uns. Und zwar mit unseren Gedanken. Denn unsere Gedanken sind es, die Angst in uns entstehen lassen. Weil wir unsere Gedanken BEWERTEN. Es ist niemals eine Situation die uns Angst macht. Es ist niemals ein Mensch der uns Angst macht. Es sind unsere Gedanken und Bewertungen, die den natürlichen Lebensfluss blockieren. Die die wahre Seins-Liebe blockieren. Die die vollkommen normale und natürliche Harmonie blockieren. Weil sich aus den bewerteten Gedanken die entsprechenden Gefühle in uns bilden. Und diese Gefühle sind es, die Angst in uns erzeugen. Nichts anderes. Unser angsterfülltes Sein ist es, das verhindert dass die Liebe fließt.

Wir selbst sind die Gestalter und Schöpfer unseres eigenen Lebens. So wie wir denken, fühlen und handeln, leben wir auch unser Leben. Und alles geht entsprechend mit uns in Resonanz.

Wenn wir also IN Liebe und somit IN Balance und IN Harmonie mit uns selber sind, strahlen wir das IMMER nach außen hin aus. Und bekommen somit IMMER genau das zurück.

Wenn wir immer nur schlechte Laune haben und genervt sind, bekommen wir genau das als Spiegel vor unsere Nase gesetzt.

Wir gehen immer ganz automatisch mit dem in Resonanz, was wir gerade für unsere seelische Weiterentwicklung brauchen. Denn unsere Seele will sich immer entwickeln. Sie will Erfahrungen machen. Und an diesen Erfahrungen reifen. Und wenn wir entsprechende Konditionierungen in uns tragen, machen wir diese entsprechenden Erfahrungen solange und immer wieder, bis wir daraus gelernt und unser Denken, Fühlen und Handeln entsprechend geändert haben.

Wenn wir also unbewusst bestimmte Verhaltens- und Beziehungsmuster in uns tragen, wiederholt sich alles solange wie in einer Endlosschleife, bis wir uns diese Muster bewusst machen. Und ganz bewusst etwas ändern. Es werden sich immer genau die Dinge in unserem Leben manifestieren, die mit uns in entsprechende Resonanz gehen. Und wir daran wachsen können. Wir müssen nur genau hinsehen.

Oft kennen wir Harmonie aber von Grund auf überhaupt nicht. Oder wir kennen lediglich eine Pseudo-Harmonie. Das bedeutet, viele Menschen sind in einer vermeintlich harmonischen familiären Umgebung aufgewachsen. Wenn wir aber hinter die Fassade und ganz genau hinsehen, erkennen wir, dass eigentlich überhaupt keine natürliche Harmonie geherrscht hat. Sondern lediglich eine künstlich erzeugte Harmonie vorhanden war. Nämlich – weil in sehr vielen Familien die Probleme niemals wirklich gelöst, sondern lediglich unter den Teppich gekehrt werden. Weil sich niemand damit beschäftigen will. Weil niemand die Verantwortung für sein eigenes Denken, Fühlen und Handeln übernehmen will. Und für die Auswirkungen die für das Umfeld daraus entstehen. Weil das auch viel zu „anstrengend" ist, sich mit der Wahrheit zu befassen. Sie wird dann nur weggeschoben.

Wie oft werden Dinge der Einfachheit halber auf andere abgewälzt und wir selbst wähnen uns keiner „Schuld". Dabei vergessen wir leider aber meist, dass jede Ursache auch eine entsprechende Wirkung hat.

Wenn eine Narzisse – die ja von Natur aus giftig ist – mit anderen Blumen zusammen in einer Vase steht – vergiftet sie diese anderen Blumen ganz automatisch. Weil sie gar nicht anders kann. Die eigentlich gesunden Blumen welken und verderben. Genauso ist es mit Menschen. Die Menschen die NICHT in Harmonie mit ihrem eigenen Selbst sind, „vergiften" somit ganz automatisch alle anderen

Menschen in ihrem Umfeld mit ihrem entsprechenden Verhalten. Deshalb spricht man auch von „giftigen" Beziehungen. Da die Wirkung der in Disharmonie lebenden Personen IMMER entsprechend auf deren Umfeld zurückfällt. Natürlich läuft all dies meist vollkommen in unserem Unterbewusstsein ab. Die Spitze eines Eisberges ist auch nur der minimalste Teil, der sichtbar ist. Der größte Teil liegt in den Untiefen des eiskalten Meeres verborgen. Genauso liegt der größte Teil unseres Denkens, Fühlens und Handelns in den Tiefen unseres unbewussten Seins. Sehr oft spüren wir Dinge zwar, können diese aber nicht benennen.

Worum es bei dem ganzen geht, ist eigentlich ganz einfach. Das natürlich angelegte Gleichgewicht muss wiederhergestellt werden. Damit die Harmonie wieder sichtbar wird. Das bedeutet, immer wenn wir selbst uns nicht im inneren Gleichgewicht befinden, regiert das Chaos in unserem Leben. Und die Ordnung ist ist ad acta gelegt. Und genau dies manifestiert sich dann im außen. Unser Wohnumfeld wird chaotisch und unsere gesamten Lebensverhältnisse strahlen diese innere Disharmonie aus. Auch die Beziehungen die wir führen, die Menschen mit denen wir uns umgeben, zeigen uns deutlich unseren wahren Seelenzustand. Wenn wir uns nur mit Menschen umgeben, die uns nicht gut tun, zeigt sich das in einem Ungleichgewicht unseres gesamten Seins. Wenn wir uns von anderen beeinflussen lassen, manifestiert sich auch das entsprechend in uns. Wenn wir nicht wir selber sind, strahlen wir das immer aus und ziehen genau diese Disharmonie an. Nämlich ebenfalls Menschen, die nicht sie selbst sind. Also nicht in innerer Harmonie mit sich. Wenn wir uns von den Bewertungen und Meinungen von anderen emotional abhängig machen, können wir nicht wir selbst sein. Es liegt also in unserer eigenen Verantwortung, unseren Körper, Geist und Seele – unsere Gefühle und Emotionen – und somit unser ganzes Sein, in Balance zu halten. Und somit die natürliche Harmonie in uns zu leben.

Das ist es, was wirklich wichtig ist im Leben. Das natürlich angelegte Gleichgewicht wiederherzustellen. Harmonie zuzulassen.

Alles in gesunder Balance zu halten.

Sobald von gewissen Dingen zu viel oder zu wenig vorhanden ist, herrscht Disharmonie. Ist beispielsweise das Wasser in der Badewanne zu heiß, ist das schädlich für unsere empfindliche Haut. Ist das Wasser zu kalt, frieren wir. Bringen wir dagegen heiß und kalt zusammen, können wir es so regulieren, dass es in Balance und somit genau passend für uns ist. Und wir uns wohlfühlen können.

Ist bei uns Herzmenschen zu viel Liebe vorhanden bzw. wir ZEIGEN zu viel Liebe und unser Gegenpol der Kopfmensch zeigt uns zu wenig von seiner Liebe – kann die Liebe ebenfalls nicht fließen. Sie ist ganz einfach künstlich von uns selbst blockiert.

Das ist auch der Grund, warum innerhalb von Beziehungen ständig daran „herumgedoktert" wird. Denn WENN dann tatsächlich einmal Haromonie eingekehrt ist, wird uns das unheimlich. Oder uns wird langweilig. Weil uns diese Normalität suspekt ist. Dann brauchen wir wieder eine „Beschäftigung". Und anstatt uns auf die wirklich wichtigen Dinge in unserem Leben zu konzentrieren – nämlich die Anwesenheit von wahrer Liebe - legen wir unseren Fokus darauf, die Beziehung auseinanderzunehmen. Um herauszufinden, was denn NOCH besser gemacht werden könnte. Es wird niemals so angenommen und gelassen wie es ist. Immer wollen wir noch mehr. Dabei bemerken wir es nicht, dass ausschließlich WIR es sind, die die empfindliche Harmonie in der Beziehung stören. Indem wir sie gewaltig sabotieren. Und dann noch Gründe dafür suchen, um diese dem anderen zuschieben zu können. Nämlich indem wir nach Dingen suchen die nicht da – eben abwesend – sind. Und unseren Fokus nicht darauf lassen was anwesend ist. Nämlich, vielleicht der beste Mensch der uns jemals passiert ist!

Der beste Mensch der Welt hält es irgendwann nicht mehr aus, wenn er niemals er selber sein darf. Wenn er ständig nur kritisiert und negativ bewertet wird. Wenn ihm permanent impliziert wird wie „unvollkommen" er doch angeblich ist. Derweil sind genau diese

Menschen es, die ihre eigene Unvollkommenheit nach außen hin auf andere projizieren. Und eigentlich die ganze Zeit gegen sich selbst kämpfen. Gegen ihre eigene innere Disharmonie. Gegen ihren eigenen inneren Mangel. Sie treiben mit diesem Verhalten den wundervollsten und besten Menschen der Welt irgendwann von sich weg. Weil dieser Mensch es irgendwann nicht mehr ertragen kann, niemals er selbst sein zu dürfen.

Wenn wir uns allgemein ausschließlich mit Dingen umgeben die uns gut tun, mit denen wir uns wohl fühlen und die wir wirklich für uns wollen, befinden wir uns vollkommen automatisch im natürlichen harmonischen Seins-Zustand. Alles kann fließen und schwingen. So wie es genau richtig und passend für uns ist. Und wie es sein soll.

Eigentlich ist aber IMMER alles genauso wie es sein soll.

Deshalb gibt es auch keine Zufälle im Leben. Und der Spruch „Alles ist sowieso vorherbestimmt" bekommt eine völlig neue Bedeutung. Ja – es ist tatsächlich alles vorherbestimmt. Aber NUR, weil WIR es selbst in der Hand haben alles entsprechend in unser Leben zu ziehen. Unser „Schicksal" bestimmen ausschließlich WIR selbst.

Wenn wir an einer Wegkreuzung stehen, sind wir ganz alleine dafür verantwortlich in welche Richtung wir uns bewegen. Welchen Weg für unser Leben wir einschlagen. Wir selbst tragen die Verantwortung für unser Handeln.

Wenn wir entsprechend handeln und wir deshalb negative Erfahrungen machen, liegt das NICHT an anderen. Sondern nur an UNS. Wenn wir positive Erfahrungen machen, umso besser.

Wenn wir darauf hören was ANDERE uns sagen, bewegen wir uns somit weg von uns selbst. Wir bewegen uns WEG aus unserer natürlich angelegten Harmonie. Hinein IN eine künstlich erzeugte Disharmonie. Und wundern uns dann, wenn wir falsche Entscheidungen für uns treffen. Die uns nicht gut tun und die sich vollkommen falsch, unpassend und nicht stimmig anfühlen. Und die wir so nicht gewollt haben.

Viele Menschen haben aber von Kindheit an gelernt, sich für andere zu verbiegen. Sie kennen es gar nicht anders. Für sie ist dieser Zustand dann vollkommen „normal". Normal ist immer das was wir kennen. Das was wir nicht kennen, bezeichnen wir gerne als „unnormal". Ganz automatisch bewerten wir die Dinge. Und stecken sie in Schubladen die uns bekannt sind. Weil wir uns dann sicher fühlen.

Soll heißen, die künstlich hergestellte Disharmonie empfinden viele Menschen als völlig normal. Obwohl die natürliche Harmonie das normalste der Welt ist. Genau sie ist uns aber oft suspekt. Und genau deshalb sabotieren wir sie so gerne.

Nur wenn wir selbst etwas ändern, können wir die natürlich angelegte Harmonie in uns wieder sichtbar werden lassen. Nur wenn wir uns gelassen und entspannt in unserer eigenen Mitte befinden – so wie das brennende Licht der Kerze – und uns nicht ständig von uns selbst wegbewegen, werfen wir keine Schatten. Nur wenn wir das Leben und die Liebe zulassen und ‚empfangen', können wir Fülle und somit Erfüllung erhalten. Und dann auch wahre, bedingungslose Liebe geben. Und es zulassen wahrhaftig geliebt zu werden.

Nur so kann gegenseitiges geben und nehmen funktionieren. Indem sich alles in Balance und somit im Gleichklang befindet. Nur so schwingt alles in jegliche Richtungen. Vor und zurück. Nach oben und unten. Nach rechts und links. Nach innen und außen. Nur so kann alles ohne Blockaden fließen.

Was uns sehr oft daran hindert uns in innerer Harmonie zu befinden, ist pure Angst. Angst blockiert und hemmt uns ganz gewaltig. Und macht uns unbeschreiblich das Leben schwer. Wir selbst machen uns das Leben schwer. Denn wir haben Angst, uns verletzbar zu machen.

Derweil SIND wir ja schon verletzt. Sonst wüssten wir gar nicht wie sich das anfühlt. Und bräuchten somit auch keine Angst vor erneuter Verletzung zu haben.

Wahre, tiefe und bedingungslose Liebe lässt uns seelisch nackt dastehen.

Indem wir Angst haben, hüllen wir uns mit dieser Angst in einen dicken Mantel. Einen Mantel, der uns vor seelischer Entblößung und „Nacktheit" schützt. Je tiefer und intensiver unsere Angst ist, desto dicker ist unser Schutzmantel. Wir bilden inneren Widerstand. Und kämpfen gegen alles an was uns Angst macht. So auch gegen die wahrhaftige und bedingungslose Seins-Liebe. Weil wir sie nicht kennen. Denn oft wurden wir von unseren Eltern schon nicht bedingunglos geliebt. Wir mussten funktionieren und nach DEREN Pfeife tanzen. Gerade die Kopfmenschen kennen das oft sehr gut. Da sie leistungsorientiert erzogen wurden. Sie wurden für ihre Leistung belohnt. Sie wurden nicht geliebt weil sie ganz einfach „da" waren. Derweil waren es die Eltern ja, die das Kind in die Welt gesetzt haben.

Oder wir wurden absolut überbehütet und duften nicht selbstständig Entscheidungen treffen. Wir durften unsere Meinung nicht sagen. Auch da mussten wir jederzeit funktionieren. Anders allerdings. Wir mussten uns den Eltern unterordnen. Gehorchen. Brav sein. Keine Widerworte wagen. Gefühle unterdrücken. Uns wurde nichts zugetraut. Und es wurde uns immer wieder impliziert dass wir nicht gut genug oder an allem „schuld" sind, was bei den Eltern schief läuft.

So wurden wir schon von Grund auf zur Disharmonie erzogen. Weil auch die Eltern die natürlich angelegte Harmonie nicht kennen.

Kein Wunder also, dass wir Harmonie zwar einerseits alle wollen, andererseits aber auch Angst davor haben. Weil sie uns – genau wie die Stille – „unheimlich" und fremd ist.

Derweil ist auch Stille ein natürlicher Seins-Zustand. Wir Menschen sind es, die permanent künstlichen Lärm erzeugen. Und uns dann wundern, dass wir alle krank daran werden.

Zurück in die natürlich angelegte Harmonie zu finden, ist also von essentieller Bedeutung für wahre innere Zufriedenheit. Die Normalität anzunehmen, sie zuzulassen und sie dann auch auszuhalten, kann allerdings ein Kraftakt sein.

Wir sehen UNS selbst als getrennt von ALLEM anderen an. Unser ICH ist die Trennung vom WIR und vom UNS. Wenn wir als ICH der eine Pol sind, brauchen wir trotzdem unseren gegensätzlichen Pol Dass DU, um in Harmonie zu gelangen. Wir brauchen das Eins-Sein und das WIR. Wir brauchen das unbewusste genauso wie das bewusste. Da sonst kein Ausgleich stattfinden kann. Und sonst immer ein Ungleichgewicht bestehen würde. Sonst hätten wir weiterhin von dem einen zu viel und von dem anderen vielleicht viel zu wenig. Und die Waage unseres Lebens driftet auf der einen Seite nach oben und auf der anderen nach unten. Sie ruht dann niemals in ihrer Mitte.

Mit unserem Gegenpol – unserem Dual – gemeinsam, lässt sich also Harmonie herstellen. Und wir kommen in die innere Balance. Weichheit und Härte. Stärke und Schwäche. Kopf und Herz.

Ausgeglichen zu sein, bedeutet zufrieden zu sein. Gelassen und entspannt zu sein.

Indem wir also aufhören, FÜR die Harmonie zu kämpfen und ganz einfach bei uns selbst bleiben, wird sie automatisch eintreten. Weil wir erst dann wirklich sehen und erkennen können, dass sie ja längst in unserem Leben IST. Wir haben uns nur auf die falschen Dinge fokussiert und konzentriert.

Indem wir annehmen was IST – können wir IN Liebe sein. Denn wir SIND Liebe. Und die Harmonie IST in uns. Und die wahrhaftige

Liebe kann klar und frei und bedingungslos fließen...

Trotz allem besteht aber immer noch die Gefahr, dass unser Dual – auch wenn er jetzt deutlich mehr auf uns zu geht, und sehr viel weicher im Umgang mit uns geworden ist – wieder in seine alten Ängste zurückfällt!

Hier müssen wir sehr aufpassen, dass wir nicht wieder in unser altes Verhaltensmuster abgleiten. Und ihm wieder die Energie zuschieben. Denn SEINE Weiterentwicklung stagniert dann sofort. Und er wird nichts an seinem Verhalten ändern. Da er ja sehr genau weiß, dass wir ihm nicht wirklich weglaufen.

JETZT ganz gelassen in unserer ureigenen Mitte zu bleiben, ist ganz extrem wichtig!

Denn nur so lernt unser Dual der Kopfmensch – eine dauerhaft innige und nahe und wirklich feste Bindung zwischen uns und ihm zuzulassen. Wir können, dürfen und sollen 'empfangen' und annehmen was von ihm zu uns kommt, ohne ihm aber zu viel von uns zu 'geben'. Und vor allem ohne uns aus unserer ureigenen Mitte weg zu bewegen.

21. Wie die Liebesenergie uns verändert

Wir sensiblen Menschen lieben per se sehr tief und intensiv. Liebe ist für uns essentiell. Wir brauchen die Liebe wie die Luft zum atmen. Denn die Liebe lässt uns im wahrsten Sinne des Wortes Berge versetzen. Die wahre Liebe motiviert und inspiriert uns. Sie spendet uns Kraft. Unbändige Lebenskraft.

Wir sensiblen Menschen „ertrinken" fast in unseren intensiven Liebes-Gefühlen. Die wahre, bedingungslose und reine Seins-Liebe gibt uns Halt und emotionale Sicherheit. Diese Liebe bringt uns absolut in unser Herz. Und in unsere Seele. Da sie uns höher schwingen lässt. Und unser Bewusstsein erweitert. Auch unsere Wahrnehmung wird dadurch verfeinert.

Alles ist Schwingung. Positive Gefühle und positive Emotionen erhöhen unsere Schwingungsfrequenz. Während negative Gefühle unsere Schwingung nach unten leiten. Unsere Energie und Lebenskraft wird dadurch geschwächt. Je größer unsere gefühlte Liebe ist, desto höher schwingen wir. Und desto höher ist auch unsere Bewusstseinsebene.

Wahrhaftige und reine Seins-Liebe – Seelenliebe - ist lebendige Energie. Wir leben in einem beständigen Meer aus unendlicher lebendiger Energie. Die Energie fließt permanent in alle Richtungen. Sie umhüllt uns mit ihrer gesamten Präsenz. Und genau diese Energie verändert unser gesamtes sensibles Sein vollkommen. Denn wir sind nicht getrennt von all diesen lebendigen Energien. Sondern wir sind durch unsere eigene Lebens- und Liebesenergie mit allen anderen existierenden Energien verbunden.

Trotzdem ist es meistens so, dass wir uns aufgrund unseres Egos sehr wohl als getrennt von allem anderen wahrnehmen. Daher auch das ICH und das DU. Beim gemeinsamen WIR sehen wir uns allerdings wieder verbunden. Und auch hochsensitive Menschen sehen sich von Grund auf mit allem verbunden. Deshalb ist es auch so schwer für sie, sich abzugrenzen. Weil die Energien ja permanent und überall spürbar für sie sind. Das wäre ja dasselbe, als wenn ein Fisch versuchen würde ohne Wasser zu leben. Er würde elendig daran zugrunde gehen. Weil das Wasser dass ihn trägt, seine Lebensspendene Energie ist. Genauso können wir nicht ohne Energie – ohne Lebens- und Liebes-Energie leben.

Unser innerster Kern IST Liebe. Wir haben genau das meist nur vergessen. Und müssen es deshalb wieder lernen.

Eine „bloße" Verliebtheit ist von daher KEINE wahre Liebe! Sie berührt weder unseren innersten Wesens- noch unseren sensiblen Seins-Kern.

Verliebtheit kann sich ganz schnell wieder auflösen. Nämlich genau dann, wenn unsere Erwartungen, Träume, Wünsche, Sehnsüchte, Phantasien und inneren Bilder die wir uns von einem anderen Menschen machen, von ihm nicht wirklich berührt und somit dann auch nicht erfüllt werden. Weil sie im Außen überhaupt nicht erfüllt werden können. Und weil dieser Mensch am Ende überhaupt nicht zu uns passt.

„Bloße" Verliebtheit verändert uns einfach insoweit, als dass wir regelrecht „süchtig" nach dem Menschen sind, den wir äußerlich so sehr begehren. Durch den intensiven Rausch unserer Gefühle fangen wir an uns zu verbiegen. Nur um zu erreichen dass dieser Mensch uns wahrnimmt. Und wir diesen Menschen auch „bekommen".

Verliebt zu sein bedeutet, diesen einen bestimmten Menschen zu „brauchen". Um einen inneren Mangel in uns zu erfüllen. Was der andere aber gar nicht kann.

Deshalb kommen wir auch nicht wirklich in unser Herz. Und auch nicht ins Innere unserer Seele. Unsere Schwingungsfrequenz erhöht sich so nicht. Und auch unser Bewusstsein wird nicht erweitert.

Und genau das ist auch der Grund, warum so viele Beziehungen und Partnerschaften nicht auf Dauer funktionieren. Weil es eben sehr oft keine wahre Liebe ist. Sondern nur rein körperliche Anziehung. Die dann auch noch mit Liebe verwechselt wird. Also ein „brauchen" aus vollkommen falschen Beweggründen.

Wahre Liebe dagegen kann sich nicht auflösen. Sie ist die mächtigste und stärkste Kraft im Universum. Wahrhaftige Liebe überstrahlt alles andere.

Wenn wir einen Menschen wirklich lieben wie er IST – ohne ihn in irgendeiner Art und Weise verändern zu wollen – dann erst können wir von wahrhaftiger und reiner Liebe sprechen. Dann erst können wir uns ganz in unserem Herzen und in unserer Seele befinden.

Genau dahin bringt uns unsere Dualseele. In die pure, bedingungslose und reine Seins-Liebe.

Diese tiefe und intensive Liebe ist von Anfang an einfach da. Bei der wahren Seelenliebe gibt es niemals eine „bloße" Verliebtheit.

Wahre Liebe bedeutet, den anderen genauso anzunehmen und zu lieben wie er ist. Ihn nicht verändern zu wollen, so wie wir ihn gerne hätten. Was ja früher oder später in ganz vielen Beziehungen und Partnerschaften passiert. Und das ist KEINE wahre Liebe! Das ist nur ein nachjagen unserer innersten Phantasien und Traumbilder. Aber nicht die Realität.

Denn wahre Liebe ist bedingungslos. Sie IST einfach nur.

Was nun nicht heißt, sich vom anderen alles gefallen lassen zu müssen. Und alles in falsch verstandener Weise „hinnehmen" und „akzeptieren" zu müssen. Natürlich dürfen, sollen und müssen wir auch da gesunde Grenzen setzen, wenn uns etwas nicht gefällt. Denn auch wenn wir einen Menschen bedingungslos und wahrhaftig lieben, bedeutet das noch lange nicht, dass es nicht trotzdem zu Meinungsverschiedenheiten, irgendwelchen Konflikten oder Missverständnissen kommen kann.

Viele Menschen verwechseln auch sexuelle Lust und Begierde mit Liebe.

Sexuelle Gefühle haben aber erst einmal rein überhaupt nichts mit wahrer Liebe zu tun. Denn das bedeutet nur, dass wir einen anderen bestimmten Menschen „haben" wollen. Dass wir ihn rein körperlich begehren. Dass wir im wahrsten Sinne des Wortes ‚Lust' auf diesen Menschen haben. Das ist aber noch lange keine wahre Liebe. Da wir hier nur auf Äußerlichkeiten fixiert sind. Was noch lange nicht heißt, dass wir den Menschen den wir körperlich begehren, auch wirklich und wahrhaftig als Mensch der er ist, lieben. Denn vielleicht passt dieser Mensch ja überhaupt nicht zu uns. Trotzdem wollen wir ihn „haben". Weil er rein äußerlich gesehen, unserem inneren Bild eines vermeintlichen „Traumpartners" entspricht. Oder damit wir nicht alleine sind.

Wenn allerdings zu diesem sexuellen Begehren dann noch die bedingungslose, reine und wahrhaftige Liebe dazukommt, verändert das unser gesamtes Sein.

Wir transformieren uns innerlich. Und unsere inneren Schatten verschwinden. Da wir absolut in unser Herz und in unsere Seele finden. Denn Liebe ist Licht. Und da wo Licht ist, lösen sich alle Schatten auf.

Licht und Liebe sind untrennbar miteinander verbunden. Genauso wie männlich und weiblich untrennbar miteinander verbunden sind. Weil in uns allen sowohl weibliche, als auch männliche Anteile zu finden sind. Diese befinden sich oft nur nicht im Gleichgewicht. Sondern in einer künstlich erzeugten Disharmonie.

Wahre Liebe bringt all unsere positiven Seiten zum Vorschein. Und lässt uns von innen heraus leuchten und strahlen. Sie macht uns glücklich. Weil diese Liebe unserem wahren SELBST enspringt. Sie kommt also aus unserem tiefsten Inneren. Und erneuert sich auch entsprechend immer wieder aus uns selbst.

Vor allem die weibliche Liebes-Energie sprudelt unerschöpflich. Wie aus einer nicht enden wollenden Quelle. Sie läuft über und vervielfältigt sich. Weil sie eine schöpferische Kraft ist. „Mutter Erde" ist ja auch weiblich, fruchtbar und schenkt immer wieder neues Leben. Das männliche kann ohne das weibliche nicht existieren. Genauso wie das weibliche nicht ohne das männliche sein kann.

Der wahrhaft liebende Mann holt sich die Liebes-Energie der urweiblichen Frau.

Und nimmt ihr diese Energien aus tiefer und wahrer Liebe ab. Weil er diese Liebes-Energie „haben" möchte. Weil er sie braucht, damit er sich durch sie transformiert. Damit er vollkommen in sein Herz findet. Und weil die wahre Liebe nur dann frei fließen und sich aus sich selbst heraus erneuern kann.

Viele Männer haben aber gravierende Angst vor genau dieser inneren Transformation, die diese wahrhaftige Liebes-Energie in ihnen auslöst. Denn sie wollen nicht verändert werden. Weil sie sich ein vollkommen falsches Bild dieser inneren Transformation machen. Und weil ihnen dieses Gefühl des „in Watte gepackt seins" wenn sie diese Energie in sich aufgenommen haben, unheimlich und fremd ist. Sie haben Angst, sich dieser puren und reinen Liebes-Energie vertrauensvoll hinzugeben. Und sich ihr vermeintlich „auszuliefern". Sie haben Angst, sich fallen zu lassen. Und in dieses grenzenlos weite und tiefe Meer aus bewegter und lebendiger Liebes-Energie einzutauchen. Die ihr gesamtes Sein flutet und bis in die letzte Faser durchdringt. Sie haben Angst, in dieser machtvollen sexuellen Energie unterzugehen und zu „ertrinken". Die Kontrolle vollkommen über sich zu verlieren. Nicht mehr „Herr über sich selbst", ihre Gefühle, ihr Denken und über ihr Handeln zu sein.

Und eben weil viele Männer eine so gravierende Angst haben sich in ihren Gefühlen und auch sich selbst (wieder) zu verlieren, ist auch der sexuelle Akt an sich so unbefriedigend für viele Menschen. Vor allem für die Frauen. Weil sie in ihrem innersten Kern nicht berührt werden. Weil die wahre Liebe in ihnen dabei nicht berührt wird. Die urweibliche Energie wird ihnen vom Mann dann nicht abgenommen. Und sie weiß dann nicht wohin sie damit soll. So entstehen dann Blockaden. Die Liebes-Energie kann nicht frei fließen. Obwohl sie ständig überquillt.

Die Energie fließt dann ins „Leere". Und die Frau fühlt sich nicht zufrieden und nicht befriedigt. Sie kann dieses diffuse Gefühl aber nicht einmal in Worte fassen. Weil sie meist nicht einmal weiß, was da mit ihr passiert. Es sei denn sie lernt bewusst, mit dieser unerschöpflichen Liebes-Energie in sich umzugehen. Und sie einfach nur bei sich zu behalten. Sie auszuhalten.

Deshalb „betteln" automatisch viele Frauen darum und bieten sich dem Mann „verzweifelt" an, DAMIT er ihnen ihre kostbare urweibliche Liebes-Energie abnimmt. Was so aber nicht funktioniert. Denn solange ein Mann genau diese Energie nicht freiwillig „haben" möchte und die Frau davon ‚befreit', fließt die Liebes-Energie in die komplett falsche Richtung. Und die jeweilige Frau wird immer unbefriedigt bleiben. Außerdem befindet sie sich dann nicht in ihrer wahren Urweiblichkeit.

Was bedeutet es aber nun, wenn der wahrhaft liebende Mann der Frau seines Herzens die urweiblichen Liebes-Energien abnimmt?

Der sexuelle Akt an sich ist dann kein „mechanischer" und rein körperlicher Akt mehr. Der Mann ist weder darauf aus sich nur in der Frau „zu entladen" und seinen Stress bei ihr abzuladen, noch will er einfach nur seine Begierde befriedigen. Denn das wäre dann eine energetische „Verunreinigung" der Frau. Aber keine wirkliche Liebe. Was die Frau auch daran merkt, dass sie sich dann energetisch unsauber, unwohl und irgendwie falsch fühlt. Auch bleibt sie letztendlich unbefriedigt zurück. Selbst wenn sie einen kurzen „oberflächlichen" Höhepunkt erreicht hat.

Der wahrhaft liebende Mann nimmt sich selber stark zurück. Bei der sexuellen Vereinigung verschmelzen beide dann regelrecht miteinander. Sie werden sprichwörtlich Eins. Langsamkeit, immer wieder bewusstes hinauszögern und so die beiderseitige Lust immer weiter zu steigern bis hin zur vollkommenen Ekstase, ganz bewusst gelebte Zärtlichkeit, echte Intimität entstehen zu lassen – ohne bewusstes herbeiführen einer schnellen rein körperlichen Befriedigung - steht dabei an allererster Stelle.

Berührung auf jeglicher Ebene ist hier das „Ziel". Diese Begegnung findet auf einem sehr viel höheren Level statt als vollkommen „normaler" Sex. Da hier Körper, Geist und Seele als untrennbare Einheit eingebunden sind.

Der wahrhaft liebende Mann ist der aktive Part. Auch wenn die Frau „vermeintlich" die Führung übernimmt. Die Frau bleibt immer passiv. Nur so kann die urweibliche Liebes-Energie „richtig" herum fließen. Indem die Frau sehr bewusst mit allen Sinnen genießt. Und es vor allem zulässt dass der Mann aktiv urmännlich sein darf. Indem sie sich ihm absolut vertrauensvoll hingibt. Sich hineinfallen lässt in ihre Lust. Sich treiben lässt im Meer ihrer ureigenen urweiblichen Gefühle. Im unendlichen Ozean ihrer natürlichen Liebes-Energien.

Indem der Mann sie „trägt und hält" in ihren urweiblichen Emotionen. Nicht die Frau „hält und trägt" den Mann! Sondern sie lässt sich vertrauensvoll fallen. Und gibt sich ihren weiblichen Emotionen hin. Gibt sich IHM hin. Gibt sich der wahren Liebe zu ihm hin.

Nur auf diese Weise können jegliche sensiblen Sinne und jede Faser unseres sensiblen Seins wirklich und wahrhaftig berührt, und unser ganzes sensibles Sein vollkommen aus uns selbst heraus gesättigt und genährt werden. Nur indem sich beide einander unkontrolliert hingeben. Und keiner der beiden irgendetwas von sich zurückbehält und sich begrenzt. Nur indem der wahrhaft liebende Mann sich sehr bewusst zurückhält, und so beiden ganz bewusst den Raum gibt, ihre sinnlichen Empfindungen zu leben, nimmt er ihr die überfließenden Energien ab. Und „schöpft" die Liebes-Energie mit bewusster Achtsamkeit und lustvoll gelebter Sinnlichkeit aus ihr heraus. Auch die multiorgasmischen Fähigkeiten können so bewusst trainiert werden. Außerdem kennt der wahrhaft liebende Mann die drei unterschiedlichen Arten des weiblichen Orgasmus. Nämlich der äußere Orgasmus, der G-Punkt Orgasmus und der tiefe innere und sehr intensive und absolut erfüllende Orgasmus. So kann er der Frau seines Herzens ungeahnte ekstatische Höhenflüge bescheren. Die sie ihm niemals vergessen wird. Da er sie so vollkommen von ihrer urweiblichen Energie befreit. Und sie sich so genährt und gesättigt auf allen Ebenen fühlt, wie bei keinem anderen Mann vorher.

Dieses „Eins-Sein" – dieses gemeinsame und ganz bewusst achtsame Verschmelzen auf allen Ebenen von Körper, Geist und Seele ist es – das zu einer Veränderung des gesamten sensiblen Seins führt. Wir FÜHLEN uns vollkommen anders. Weil sämtliche Sehnsüchte in uns in diesem Augenblick gestillt sind. Und wir uns vollkommen gesättigt fühlen. Wir fühlen uns sprichwörtlich „in Watte gepackt". Die Ego bedingte Trennung und Abspaltung von allem anderen ist aufgehoben.

Deshalb fühlen wir uns mit dem anderen „Eins". Wir SIND in diesem Moment „Eins".

Nur indem wir uns vollkommen hingeben und den fließenden Bewegungen der Liebes-Energien anpassen, weil wir uns hineinfallen lassen in das unendliche Meer dieser Energien, können unsere Sehnsüchte genährt, gestillt und vollkommen gesättigt werden. Auch wenn beide sich im Akt in enger, liebevoller Umarmung eine zeitlang ganz bewusst nur spüren, ganz bewusst die Nähe des anderen genießen, ohne auch nur eine Bewegung auszuführen – oder zumindestens nur minimal – können beide sich in allerhöchste Verzückung und lustvolle Ekstase versetzen. Raum und Zeit lösen sich so auf. Und spielen überhaupt keine Rolle mehr. Weil sie nicht mehr wahrgenommen werden. Denn nur noch das was gefühlt wird, zählt.

Absolut nichts wird zurückgehalten. Jegliche Kontrolle wird fallengelassen.

Das ist eine vollkommen neue Art sich gegenseitig zu spüren. Sich SELBST ganz bewusst zu spüren. Den Menschen den man wahrhaftig liebt, ganz bewusst zu entdecken und zu spüren.

Der wahrhaft liebende Mann wird zum Gefäß, in das die Frau ihre Liebes-Energie ergießen darf. Weil er diese Energie aus tiefer Liebe zu ihr aus ihr „herausschöpft".

Genau dies erleben wir mit unseren männlichen Dualen.

Vielleicht das erste Mal überhaupt in unserem Leben. Sie nehmen uns mit all ihrer tiefen Liebe und Sanftheit unsere urweiblichen Energien ab. Und nähren und sättigen uns auf jeglicher Ebene.

Wenn wir diese Erfahrung einmal gemacht haben, verändert uns dies für immer.

Vollkommen „normaler" Sex wird dann nur noch schwer möglich sein. Und Sex ohne Liebe geht gar nicht mehr. Da wir uns immer daran erinnern werden wie sehr wir auf diese Weise und von genau diesem zutiefst geliebten Menschen auf allen unseren Ebenen des Seins genährt und gesättigt werden.

Die Liebes-Energie verändert uns aber nicht nur durch solche sexuelle Begegnungen.

Sondern auch auf andere Art und Weise. Denn wahre Liebe bedeutet ja nicht automatisch, auch Sex mit dem Menschen zu haben den wir bedingungslos lieben. Immerhin haben ja nachgewiesenermaßen nicht alle zusammengehörenden Dualseelen automatisch auch sexuelle Begegnungen miteinander. Es gibt auch durchaus einige, die nur platonisch durch diese unbeschreibliche Seelenliebe miteinander verbunden sind.

Es kann sein, dass wir mit einem Mal merken, wie Dinge uns unwichtig werden, die wir vorher immer für so wichtig gehalten haben. Und die wir jetzt nicht mehr in unserem Leben brauchen. Also sortieren wir alles aus, was uns nicht mehr gut tut und entsorgen all diese Dinge. Das können auch Personen sein, von denen wir uns trennen „müssen". Weil uns nun endlich bewusst ist, wie sehr uns diese Menschen eigentlich schaden. Emotional schaden, oder auch seelisch, geistig und schlimmstenfalls sogar körperlich.

Es kann sein, dass wir durch diese wahre und bedingungslose Seins-

Liebe unser gesamtes Leben umkrempeln und neu sortieren. Uns selbst neu sortieren. Dinge hinterfragen. Unser Leben rückwärts gesehen endlich verstehen. Dass alles tatsächlich seinen Sinn hat genauso wie es passiert ist. Dass wir es überhaupt nicht anders hätten machen können. Da wir es zu diesen Zeitpunkten nicht besser wussten. Also stellen wir fest, dass alles genau richtig war so wie es war. Und mit dem Wissen was wir heute haben, würden wir natürlich alles anders machen. Dann würde es aber auch anders sein sollen. Und nicht mehr so wie es damals war.

Bedingungslos zu lieben und bedingungslos geliebt zu werden, verleiht uns im wahrsten Sinne des Wortes Flügel. Sie hebt uns in viel höhere energetische „Sphären".

Wir haben das Gefühl, alles schaffen zu können was wir wollen. Wir können uns lösen, von allem was wir nicht mehr brauchen. Von allem, was uns schon lange nicht mehr gut tut. Von allem, was uns negativ beeinflusst. Und was uns in unserem Leben ausbremst. Wir können endlich unsere ureigene „Lebensgeschwindigkeit" leben. Und unser wahres sensibles Sein spüren. Wir können das Leben ganz bewusst spüren. Die Liebe ganz bewusst auskosten. Und sie genießen. Wir wissen dass wir nicht mehr emotional abhängig sind. Denn durch die wahre Liebe haben wir es geschafft, uns emotional absolut unabhängig zu machen. Wir haben es geschafft, jegliches „falsche" Pflicht- und Verantwortungsgefühl für Menschen abzulegen, für die wir nicht verantwortlich sein können. Weil diese Menschen für sich selbst Verantwortung übernehmen und tragen müssen.

Auch haben wir es geschafft, uns ganz bewusst aus familiären Verstrickungen zu lösen, die vielleicht schon einige Generationen zurückgehen.

Wir können nicht ein Leben lang andere Menschen – nur weil sie emotional und seelisch ‚schwächer' sind als wir – „halten und tragen" und uns um sie kümmern. Wenn uns das in unserem Leben permanent nur ausbremst.

Wir spüren die Liebe durch uns fließen. Wir spüren wie die Liebe zu uns zurückkommt. Denn wir strahlen pure und reine Liebes-Energie aus.

Auch unsere Kinder verändern sich durch unsere wahre und bedingungslos gefühlte Liebe. Wir ziehen nur noch Menschen in unser Leben, die sich ebenfalls auf dieser hohen Schwingungsfreqenz der reinen Seins-Liebe und des erweiterten Bewusstseins befinden. Als positiv denkende Menschen ziehen wir positiv denkende Menschen an. Wenn wir von innen heraus leuchten und strahlen, ziehen wir genau diese Menschen auch an. Wenn wir selbst herzlich, sanft und liebevoll sind, ziehen wir ebensolche Menschen an.

Wenn wir uns stattdessen auf einem niederen Energieniveau und einer niederschwingenden Frequenz befinden, ziehen wir genau dieses an. Soll heißen – wenn wir beispielsweise sehr in unserer Angst verhaftet sind, ziehen wir genau solche Menschen in unser Leben. Wenn wir Pessimisten sind, ziehen genau auch dieses zu uns. Wenn wir abhängig und emotional „bedürftig" sind, kommt auch das zu uns zurück. Gleiches zieht Gleiches an. So funktioniert das Resonanzgesetz.

Unsere hohe Liebes-Energie zieht Kreise. Die nun immer weiter und größer werden.

Denn wahre Liebe nährt uns. Sie erfüllt uns. Und sie lässt unser inneres Feuer dauerhaft brennen.

Unser Denken ist ganz anders. Wir bewerten nicht mehr so schnell. Und vor allem nicht mehr negativ. Wir nehmen an. Und akzeptieren, was wir sowieso nicht ändern können. Wir verzeihen auch einmal großmütig. Und schauen vor allem hinter die Fassade bei anderen Menschen. Wir sind gelassen und entspannt. Wir befinden uns komplett in Harmonie und in unserer ureigenen Mitte. Auch bewegen wir uns nicht mehr weg davon. Wir ‚empfangen' das Leben nun. Und nehmen das an, was zu uns will. Weil es genau richtig ist so wie es ist.

WIR alleine haben unser Schicksal in der Hand. Wir bestimmen die Richtung, in die wir auf unserem Lebensweg gehen. Wir entscheiden, wer mit uns diesen unseren ureigenen Weg gehen soll und gehen darf. Wir FÜHLEN nun bewusst das Leben. Wir FÜHLEN ganz bewusst die Liebe. Und wir FÜHLEN ganz bewusst unsere Sensibilität. Wir sind uns unseres Seins bewusst. Unser wahrer Wesenskern ist freigelegt.

Durch die wahre und bedingungslose Seins-Liebe können wir uns nun auf unsere Lebensaufgabe fokussieren. Und uns darauf konzentrieren. Die Energie der wahren und bedingungslosen Liebe hat einen komplett neuen Menschen aus uns gemacht. Und dennoch sind wir ganz wir selbst. Wir sind mehr wir selbst, als wir jemals zuvor wir selbst waren. Unser ureigenes Selbst hat sich endlich entfaltet. Und wir fühlen uns so wohl wie nie zuvor. Weil wir uns komplett der Liebe geöffnet haben. Und uns in unserem Herzen und in unserer Seele befinden.

Wir haben keine Angst mehr zu lieben. Und wir haben vor allem auch keine Angst mehr wahrhaftig geliebt zu werden.

Zu all diesen Dingen ist nur die wahrhaftige Liebe fähig. Da WIR SELBST Liebe sind. Genau dies müssen wir aber in unserem Leben erst einmal erkennen. Und diese Liebe in uns freilegen.

Was gerade durch unsere Seelenpartner und Dualseelenbegegnungen passiert.

Wenn alle Menschen sich in wahrhaftiger bedingungsloser Liebe – in ihrem Herzen und in ihrer Seele - befinden würden, gäbe es ausschließlich Frieden und Harmonie auf unserer Erde. Alleine daran sieht man, wie mächtig und unendlich kraftvoll die wahrhaftige Liebes-Energie ist. Wie sehr die Schwingungsfrequenz erhöht und unser Bewusstseinzustand erweitert wird.

Wenn wir uns nicht in unserem Herzen befinden, sind wir für die komplett falschen Dinge verführbar und manipulierbar. Das ist dann die Abwesenheit von wahrer Liebe. Wir wissen dann nicht mehr von der immensen Kraft unseres Herzens. Und von der Kraft unserer Seele. Und auch nicht von der positiven „Macht" unserer Sensibilität als natürliche Gabe. Als kostbares Geschenk der Natur.

Wahrhaftige Liebe verändert uns. Für immer. Denn die Liebes-Energie wirkt heilend auf unser gesamtes sensibles Sein.

Die wahre Liebe bringt uns wahrhaftig in unser Herz. Ins pure, intensive und tiefe FÜHLEN. Wir FÜHLEN bewusst unser ureigenes sensibles Sein. Und wir fühlen bewusst das Leben an sich.

Denn wir SIND Gefühl. Wir SIND Liebe. Kopfmensch und Herzmensch...sind EINS...

Nachwort – das Ziel ist immer der Weg...

"Bedingungslose Liebe ist nicht als Ziel zu sehen. Denn es gibt kein Ziel, wohin dieser Weg führt. Da dieser Weg niemals zu Ende geht. Deshalb ist der Weg immer das Ziel. Und das Ziel ist immer der Weg. Da dieser Weg ein unendlicher Weg voller grenzenloser und unbeschreiblicher Liebe ist... und wenn Dualseelen diesen Weg gemeinsam gehen, in welcher Gestalt auch immer sich dieser Weg zeigt, sind sie somit immer am Ziel. Und dies ist das wundervollste und kostbarste, was es gibt..." © Iris Fischer

Deshalb sollten wir uns immer im Hier und Jetzt befinden. Und jeden Augenblick und jeden Moment mit unserem Dual mit allen unseren Sinnen und unserem gesamten Sein genießen. Es geht erst einmal nicht darum, was vielleicht und eventuell einmal irgendwann in der Zukunft stattfindet. Denn das weiß ja schließlich niemand von uns. Sicherheit und Garantie kann uns sowieso kein Mensch geben. Das können wir nur selbst. Ausschließlich FÜR uns selbst. Sondern es geht einzig und alleine um den Moment. Um das JETZT. Um das was IST, in der Gegenwart. Wenn wir JETZT bereit dafür sind, uns vollkommen auf unser Dual einzulassen, wird er deutlich sein Herz öffnen. Und sehr viel mehr auf uns zugehen. Und immer öfter präsent in unserem Leben und in unserem Alltag sein. Weil er dann sehr genau spürt, dass wir unsere Erwartungen an ihn losgelassen haben. Dass er bei UNS sein darf was er ist. Und wie er ist. Nämlich einfach Mensch. Dass er spürt, dass wir ihm seine „Fehler" nicht vorhalten. Dass er spürt, dass wir uns tatsächlich gelassen in unserer ureigenen Mitte befinden. Und nicht ihn als unseren alleinigen Lebensinhalt auserkoren haben. Sondern dass wir stattdessen das tun, was wir in unserem Leben wirklich tun wollen. Beispielsweise unsere beruflichen Ziele verwirklichen. Bisherige Träume und Wünsche in die Tat umzusetzen. Nicht der Meinung zu sein, dass wir etwas zwar wollen, es aber aus irgendwelchen Gründen dann doch nicht tun. Er öffnet sich dann für uns immer mehr, wenn er deutlich spürt, dass wir in der Lage sind UNSER Leben zu leben. Und nicht ihm zuliebe ausschließlich SEIN Leben mitleben zu wollen. Und für ihn auf all unsere ureigenen Bedürfnisse zu verzichten.

Schon oft habe ich mitbekommen, dass für sehr viele Menschen das oberste Ziel darin besteht, mit ihrer Dualseele eine feste Bindung einzugehen. Was natürlich erst einmal ein vollkommen normaler Wunsch ist. Denn diese Sehnsucht haben wir alle. Schließlich ist das ein vollkommen normales Bedürfnis, wenn wir einen anderen Menschen zutiefst lieben. Leider wird dabei aber oft übersehen, dass es bei Dualseelen erst einmal um die eigene Weiterentwicklung und um die Heilung alter seelischer Wunden geht. Eine feste Beziehung und Partnerschaft mit unserem Dual ist dann als zweiter Schritt quasi die schönste und wundervollste Belohnung für all unsere Mühen. Die wir ausschließlich für UNS SELBST auf uns nehmen müssen. Und keinesfalls für IHN. Unser Dual wird sich niemals vollkommen zu uns bekennen, solange er noch irgendwelche Erwartungen und Forderungen von uns an ihn spürt. Die er uns sowieso nicht erfüllen kann. Da ihm genau dieses eine immense Angst macht. Und er sich dann erst recht von uns abkapselt. Denn er spürt sehr genau, ob wir etwas für UNS tun, oder ob wir das IHM zuliebe tun.

Es ist ein Trugschluss, wenn wir glauben, dass es zwischen Dualseelen in erster Linie darum geht, eine feste Bindung miteinander einzugehen. Denn dies würde ja nicht funktionieren, solange wir noch irgendwie in unseren alten Konditionierungen, Gewohnheiten und Mustern festhängen. Deshalb müssen auch beide so hart an sich arbeiten. Um in innere Harmonie und ins Gleichgewicht zu kommen. Um ihr wahres Selbst und die Pole von weiblich und männlich in sich zu stabilisieren. Denn erst dann kann ja eine feste Bindung dauerhaften Bestand haben.

Viele Menschen wissen nicht, wo sie ansetzen sollen, wenn sie auf ihre Dualseele treffen. Sie wissen nicht, wo genau sie überhaupt stehen. Wo sie im Ungleichgewicht und Disharmonie in sich selber sind. Oft bestehen große Unsicherheiten, Zweifel und Angst.

Was alles sehr individuell im Einzelfall und mit Geduld bearbeitet werden muss.

Des öfteren wird der Irrglaube geschürt, dass das männliche Dual – also der Kopfmensch – vollkommen automatisch mitheilt und nicht explizit etwas tun müsste, um sich selbst zu heilen. Nun, dem kann ich guten Gewissens widersprechen. Da ich weiß, dass es anders ist. Selbstverständlich haben die männlichen Dualseelen ebenfalls ihre seelischen Wunden und alten, unpassenden Muster. Die sie natürlich ebenfalls heilen müssen. Ganz von selbst geht das dann doch nicht. Natürlich geht es weit schneller, wenn beide Dualseelen permanent in Kontakt miteinander sind. Und das männliche Dual daher explizit mitbekommt, was das weibliche Dual alles für sich tut. Wie es sich innerlich heilt, ihr Leben ordnet und sich weiterentwickelt. In diesen Fällen sind die männlichen Duale überaus stolz auf ihre weiblichen Gegenstücke. Und sagen oder zeigen ihnen das auch.

Und selbstverständlich sind beide Duale permanent energetisch durch ihr seelisches Band miteinander verbunden. Beide spüren immer alles, was den anderen betrifft. Das heißt aber noch lange nicht, dass das männliche Dual nichts tun müsste, um in seine eigene Heilung zu kommen. Oder sein Herz vollkommen für seinen Herzensmenschen zu öffnen. Das passiert nicht absolut automatisch. Denn es ist auch mit seinem freien Willen verbunden. Wenn er beispielsweise so sehr in seinen Ängsten verharrt, dass er nicht den Mut aufbringt sich zu öffnen und sich zu seinem Herzenmenschen zu bekennen, wird er das nicht tun. Vollkommen egal was das weibliche Dual auch anstellt.

Echte Dualseelen gehen nach meiner Erfahrung meist friedlich, harmonisch und absolut respektvoll miteinander um. Die männlichen Duale sind meist gutmütig, gelassen und sanft und überaus empathisch und sensibel. Viele weibliche Duale werden durch ihre männlichen Dualseelen erst einmal daran „erinnert", welche liebevollen und sanftmütigen Seiten überhaupt in ihnen selbst stecken. Sie müssen sich selbst erst vollkommen neu kennenlernen, da sie sich bisher immer verbogen und an andere angepasst haben.

So dass sie diesen Teil ihrer Persönlichkeit oft über viele Jahre gar nicht leben konnten.

Und wenn Ihr Dual Sie tatsächlich respektlos behandelt und sich absolut destruktiv Ihnen gegenüber verhält, wie ist es um Ihre eigene Fähigkeit bestellt, gesunde Grenzen zu setzen? Und sich nicht alles gefallen zu lassen, was Ihr Dual mit Ihnen macht?

Sehen Sie bewusst in den Spiegel, den Ihr Dual Ihnen mit seinem Verhalten immer wieder vorhält.

Warum lassen Sie sich (sowohl als Mann, als auch als Frau) von einem anderen Menschen demütigen, manipulieren, verletzen, beleidigen, immer wieder enttäuschen, erniedrigen, kritisieren, belügen...

Warum lassen Sie es zu, dass er permanent leere Versprechungen macht, unzuverlässig ist, keine Verantwortung übernehmen will usw...

Warum laufen Sie einem Menschen hinterher, klammern und „betteln" und kämpfen um seine Liebe? Wenn dieser Mensch nicht freiwillig bereit ist, sich voll und ganz auf Sie einzulassen und Sie mit all seiner Liebe die er für Sie empfindet, überschüttet? Wenn dieser Mensch vielleicht gar nicht fähig ist, wirkliche Liebe zu geben? Oder weil er es vielleicht auch gar nicht will?

Wo sind Ihre ganz persönlichen (Leidens-) Grenzen?

Ihre wahre Dualseele liebt Sie ganz genauso wie Sie sind. Bedingungslos. Das männliche Dual KANN nämlich bereits bedingungslos lieben. Wo die weibliche Dualseele noch in ihren alten Erwartungen und Mustern feststeckt. Umgekehrt gilt das natürlich für weibliche Kopfmenschen und männliche Herzensmenschen ganz genauso.

Verändern Sie doch einmal Ihren Blickwinkel.

Und stellen Sie sich vor, wie es wäre, wenn Sie mit Ihrem Dual eine feste Bindung hätten. Wenn Sie Tag für Tag in derselben Wohnung oder im selben Haus verbringen würden. Würden Sie beide wirklich als Menschen zusammenpassen? Ergänzen Sie sich beide tatsächlich perfekt? Würden Sie dauerhaft miteinander harmonieren? Sind Ihre Grundwerte und Ihre Einstellung zum Leben tatsächlich dasselbe? Haben Sie dieselben oder mindestens ähnliche Ziele im Leben? Was wollen SIE in Ihrem Leben erreichen und was will ER? Passt das wirklich zusammen? Können Sie ihn tatsächlich als den Menschen akzeptieren und annehmen, der er IST?

Sind Sie wirklich in der Lage, die Normalität einer festen Bindung auszuhalten? Oder flüchten Sie wieder, sobald Ihnen „langweilig" wird? Weil Sie die Erfüllung nicht aushalten? Oder sind Sie gar der Überzeugung, vielleicht doch noch jemand „besseres" zu finden? Weil Sie sehr auf Äußerlichkeiten fixiert sind und fälschlicherweise noch Ihrem inneren Bild eines vermeintlichen „Traumpartners" oder einer vermeintlichen „Traumpartnerin" hinterher jagen? Oder weil diese tiefe Liebe Ihnen eine gravierende Angst macht? Und Sie eine massive Angst in sich tragen, wieder zu scheitern? Und wieder enttäuscht und verletzt zu werden?

Ist IHR Weg auch tatsächlich SEIN Weg? Kann daraus ernsthaft ein gemeinsamer Weg werden? Mit immer neu gesetzten gemeinsamen Zielen? So dass immer der Weg zusammen für beide ein weiteres Ziel darstellt...?

Sind Sie bereit, dieses "Risiko" auf sich zu nehmen und über Ihren Schatten zu springen mit der Option, dass es tatsächlich eine wundervolle, harmonische und wirklich dauerhaft glückliche Bindung sein wird?

Fragen Sie hier Ihr Herz. Denn Ihr Herz gibt Ihnen eine eindeutige Antwort...

Immer ist nämlich der Weg es, der die Erfüllung bringt. Weil immer der Weg irgendwohin das wahrhaftige Ziel ist...

Vorausgesetzt, beide sind in der Lage und bereit, bewusst in ihrem weit offenen Herzen zu SEIN. Und sich gemeinsam von Augenblick zu Augenblick zu hangeln. Sich immer zusammen dem Moment hinzugeben.

Denn der Moment ist immer JETZT...

Das einzige, was wahre Dualseelen daran hindert sich zueinander zu bekennen, und den kostbaren Schatz dieser tiefen und einzigartigen Liebe offen gemeinsam zu leben, ist nackte und pure Angst...

Sicher fragen Sie sich, warum ich als diplomierte systemische Therapeutin und Fachfrau für (hoch-) sensible Menschen, mich mit dem Thema ‚Seelenpartner' und Dualseelen beschäftige und auseinandersetze. Weil ich ebenfalls - wie so viele Menschen - meine ganz eigene individuelle Seelenpartner-Geschichte habe. Und in meinem Leben selbst intensivste Erfahrungen mit diesem Thema gemacht habe. Und noch weiterhin machen darf.

Ich hatte viele Jahre lang meine Zwillingsseele in meinem Leben.

Und seit Anfang 2014 habe ich das unglaublich kostbare Glück, meine Dualseele in meinem Leben haben zu dürfen. Für diesen wundervollen Mann ich unendlich dankbar bin. Weil er das Beste ist, was mir in meinem Leben jemals passiert ist. Und ich mit allen Fasern meines gesamten hochsensiblen und hochsensitiven Seins diese tiefe, intensive und allumfassende Seelen-Liebe erfahren, spüren und erleben darf. Ich weiß also aus eigenem Erleben sehr genau, wie sich all dies auf allen Ebenen des Seins anfühlt. Wie sehr diese intensive Seelenverbindung das Leben in jeglicher Hinsicht komplett auf den Kopf stellt. Und wie essentiell wichtig für hochsensible Menschen die wahre Liebe ist.

Ich wünsche Ihnen alles Liebe mit Ihrer ganz persönlichen Seelenpartner- / Dualseelen Geschichte!

Und denken Sie bitte immer daran, Ihr Dual ist niemals gleichzeitig mit Ihnen mit dem Lernprozess fertig. Auch wenn Sie während all der Zeit in Kontakt miteinander sind. Sondern er braucht ebenfalls seinen Raum und seine Zeit, um sich in aller Ruhe und in seinem eigenen und individuellen Tempo aus all seinen Ängsten herauszuschälen und zu lösen. Ich weiß, wie schwer Ihnen das „warten" fällt :)

Herzlichst, Ihre Iris Fischer

Ich berate, unterstütze und begleite hochsensible, emotional sensible und hochsensitive Menschen auf ihrem ureigenen und individuellen Weg.

Ich freue mich, wenn Sie meine Website besuchen:

www.sensible-seele.net

Weitere erschienene Bücher von Iris Fischer:

ISBN: 978-3-842-3-19479 (Hardcover)

ISBN: 978-3-7345-3550-5 (Hardcover)
ISBN: 978-3-7345-3549-9 (Paperback)